O Direito ao Esquecimento
na Internet

O Direito ao Esquecimento na Internet
CONCEITO, APLICAÇÃO E CONTROVÉRSIAS

2019

Isabella Z. Frajhof

O DIREITO AO ESQUECIMENTO NA INTERNET
CONCEITO, APLICAÇÃO E CONTROVÉRSIAS
© Almedina, 2019

Autor: Isabella Z. Frajhof
DIAGRAMAÇÃO: Almedina
DESIGN DE CAPA: FBA
ISBN: 9788584934447

Dados Internacionais de Catalogação na Publicação (CIP)
(Câmara Brasileira do Livro, SP, Brasil)

Frajhof, Isabella Z.
O direito ao esquecimento na internet : conceito, aplicação e controvérsias / Isabella Z. Frajhof. -- São Paulo : Almedina, 2019.

Bibliografia.
ISBN 978-85-8493-444-7

1. Direito à memória 2. Direito à privacidade 3. Esquecimento (Direito) 4. Internet 5. Personalidade (Direito) 6. Proteção de dados I. Título.

19-23961   CDU-347.152

Índices para catálogo sistemático:

1. Direito da personalidade : Direito civil 347.152

Maria Alice Ferreira - Bibliotecária - CRB-8/7964

Este livro segue as regras do novo Acordo Ortográfico da Língua Portuguesa (1990).

Todos os direitos reservados. Nenhuma parte deste livro, protegido por copyright, pode ser reproduzida, armazenada ou transmitida de alguma forma ou por algum meio, seja eletrônico ou mecânico, inclusive fotocópia, gravação ou qualquer sistema de armazenagem de informações, sem a permissão expressa e por escrito da editora.

Fevereiro, 2019

EDITORA: Almedina Brasil
Rua José Maria Lisboa, 860, Conj.131 e 132, Jardim Paulista | 01423-001 São Paulo | Brasil
editora@almedina.com.br
www.almedina.com.br

AGRADECIMENTOS

Ao meu orientador e co-orientador, Fábio Carvalho Leite e Carlos Affonso Souza, por me conduzirem ao longo deste trabalho com suas generosas contribuições.

Ao grupo de pesquisa sobre Liberdade de Expressão no Brasil (PLEB), especialmente, Alice, Carolina e Guilherme, pela ajuda com a pesquisa e com a análise de dados, fundamentais para este trabalho.

Aos meus pais e aos meus irmãos e irmãs, meus maiores exemplos, são minha inspiração e força, me mostram diariamente que o esforço e a dedicação são nossos maiores aliados, e que devem sempre vir acompanhados de muita música e dança.

Ao João, pelo companheirismo e leveza ao longo desta e de todas as nossas outras jornadas.

Às minhas amigas e aos meus amigos, por recarregarem minhas energias nos meus melhores e piores dias.

À minha avó Margot e, *in memoriam*, ao meu avô Nathan, por me passarem o seu amor pelo conhecimento.

APRESENTAÇÃO

O chamado direito ao esquecimento tem sido muito notado. No Brasil, nos últimos anos, não foram poucos os livros jurídicos lançados sobre o tema. Em tempos difíceis para livrarias e editoras, o interesse que o assunto despertou não deixa de ser uma boa notícia. Por outro lado, muitos livros e artigos recentemente publicados sobre o chamado direito ao esquecimento parecem seguir em uma mesma direção: todos descrevem a experiência europeia, como sendo ali o nascedouro do conceito, passam rapidamente para o cenário brasileiro, evidenciando como o País recepcionou o instituto de braços abertos e, por fim, mencionam alguns casos julgados nas cortes superiores.

Curiosamente, os livros sobre direito ao esquecimento têm se esquecido que o Direito não paira sozinho como única força reguladora, mas é também acompanhado pelo desenvolvimento tecnológico, pelas transformações sociais e pelos incentivos econômicos. Compreender como o Direito dialoga com esses outros campos de análise é cada vez mais fundamental em uma sociedade complexa. No que diz respeito ao chamado direito ao esquecimento essa percepção ganha então relevo ainda mais preponderante.

Isso se dá porque, ao introduzir uma categoria jurídica nova, é preciso investigar como ela movimenta as outras peças no tabuleiro, sejam elas próprias da análise jurídica, sejam de outros ramos do conhecimento. No que diz respeito ao impacto que o direito ao esquecimento causa, vale se perguntar qual teria sido a razão para esse surpreendente interesse pelo tema. O que existe de irresistivelmente apaixonante na criação de uma ferramenta que nos permite fazer com que algo seja retirado do conhecimento geral?

Uma pista para essa resposta se encontra fora do Direito. Vivendo cada vez mais imersos em uma sociedade hiperconectada, na qual o acesso à informação corre o risco de se tornar não apenas um direito, mas também um fardo, procuramos por uma ferramenta que nos permita escapar das engrenagens da produção e dos consumo de dados. O antídoto ao *information overload* parece ser bem-vindo, independentemente de sua forma, propósitos ou efeitos colaterais. Aqui existe o risco de se depositar no chamado direito ao esquecimento a esperança, um tanto quanto vã, de que um conceito jurídico pode resolver problemas que vão além de suas capacidades, falhando em dialogar com a infra-estrutura que suporta o fluxo de acesso e reutilização de informações.

Se tudo está acessível em uma ferramenta de busca na Internet, o direito ao esquecimento parece ser a bala de prata que resolve esse dilema. Basta aplicá-lo que tudo se resolverá. Sabemos que isso não é verdade, mas isso não tem impedido muitos de depositar no conceito essa aspiração. Comportamentos como esse vem transformando o chamado direito ao esquecimento mais em uma categoria emocional, como lembra Catalina Botero, do que em uma categoria jurídica propriamente dita.

Um segundo problema com essa aspiração salvacionista do chamado direito ao esquecimento é essencialmente conceitual. Nenhuma decisão judicial ou administrativa tem o condão de fazer com que a coletividade esqueça efetivamente de alguma coisa. O que se tem, na prática, é a ordem para uma desindexação em buscador na Internet ou a remoção de um conteúdo. Se as pessoas vão esquecer ou não do objeto da ação é outra história. Paradoxalmente, muitas ações que visam lograr o esquecimento, como se fruto de uma espécie de ironia ou maldição, acabam gerando o efeito contrário: tornam-se ainda mais lembradas.

Por isso, o debate sobre o chamado direito ao esquecimento parece ainda mal colocado no Brasil. Os diversos livros que repetem essa trajetória, como se adoção da ferramenta fosse inevitável, inquestionável e fatalmente positiva, falham em compreender a complexidade do tema.

Ainda dentro de reflexões próprias do Direito, vale investigar qual o proveito de se criar uma categoria que parece se sobrepor a vários direitos da personalidade usualmente inseridos em legislações, trabalhados pela doutrina e aplicados pelo Poder Judiciário. Ao se preferir o recurso a um conceito de fortes tintas emocionais, o chamado direito ao esquecimento pode, no final do dia, prejudicar o aperfeiçoamento da tutela da privacidade, dos dados pessoais, da imagem e da honra, sobretudo nas relações jurídicas travadas na Internet. Não há dúvidas de que é preciso tornar a proteção da pessoa humana na Internet cada vez mais robusta, mas resta saber se, ao fortalecer o conceito de esquecimento esse objetivo é verdadeiramente alcançado.

O livro de Isabella Zalcberg Frajhof não é mais uma obra sobre direito ao esquecimento. A sua contribuição para o debate é única e acrescenta novos elementos à discussão. Tive a oportunidade de co-orientar a autora no programa de pós-graduação em Teoria do Estado e Direito Constitucional da Pontifícia Universidade Católica do Rio de Janeiro (PUC-Rio). Juntamente com o seu orientador, o professor Fábio Leite, percebemos como Isabella, sendo a excelente pesquisadora que é, poderia trazer uma visão nova e crítica sobre o assunto sem cair nas trivialidades de quem aceita o instituto porque ele existe em outras paragens ou que o recusa porque ele afeta interesses de uns ou outros.

A pesquisa desenvolvida pela autora oferece um viés latino-americano que, até então, não se encontrava tão mapeado na literatura sobre o tema em língua portuguesa. Além disso, a autora enfrenta com coragem a disputa terminológica sobre o que se está efetivamente falando quando se fala sobre o chamado direito ao esquecimento. Particularmente comungo da sua opinião sobre o desacerto dessa expressão, sendo melhor buscar outros portos para ancorar a forma de proteção à pessoa que se busca alcançar com essa novidade.

Sendo assim, ao se voltar para os julgados que debatem o tema no Brasil, a autora o faz com novos olhares, apontando como eles nos impulsionam em direções que podem ou não ajudar a construir uma melhor tutela da pessoa humana inserida na sociedade hiperconectada.

Isabella é uma autora de enorme talento, que sabe reunir em uma escrita fácil conhecimentos complexos. Tenho certeza que a sua dissertação, agora um livro, pode ajudar a revigorar os debates sobre o chamado direito ao esquecimento e desvendar o que queremos proteger, como essa proteção pode ser criada e as ferramentas que temos à disposição para garantir que lembrança e esquecimento não sejam apenas palavras jogadas ao vento, mas sim construídas como alicerces de uma renovada reflexão sobre o tema.

Rio de Janeiro

Carlos Affonso Souza
Professor da UERJ e da PUC-Rio.
Diretor do Instituto de Tecnologia e Sociedade do Rio de Janeiro

PREFÁCIO

O direito ao esquecimento é, por ora, uma ideia em aberto, indefinida, um tanto confusa, rodeada de controvérsias, e com traços e alcance ainda imprecisos. Traçar uma linha histórica do termo, como um conceito jurídico que foi adquirindo maior relevância ao longo das décadas, pode ser tentador, mas seria enganoso. Antes do advento da internet, o direito ao esquecimento, enquanto conceito normativo, não vingou nem convenceu, e a quantidade de pesquisas e publicações acadêmicas dedicadas ao tema era irrisória, ao menos em termos relativos. A ideia foi revisitada justamente em razão de uma série de problemas que se verificam no âmbito da internet. E adquiriu repercussão mundial a partir de 2014, quando o Tribunal de Justiça da União Europeia julgou o recurso interposto por *Google Spain SL* e *Google Inc.* contra a decisão que determinara a desindexação de links relativos a um episódio ocorrido, em 1998, com o cidadão espanhol Mario Costeja González, reconhecendo ao autor da ação o direito ao esquecimento.

É claro que a decisão do tribunal europeu no caso Costeja González fez despertar um maior interesse sobre o tema e impulsionou debates e publicações a este respeito. E, embora a decisão tivesse encontrado seus críticos e céticos, o seu efeito legitimador quanto ao conceito parece ter sido bem maior.

No Brasil, a decisão foi recebida quase como uma confirmação da validade do direito ao esquecimento. Isso porque, em 2013, um ano antes da decisão do caso Costeja González, o Superior Tribunal de Justiça (STJ) havia julgado dois recursos especiais (REsp n. 1.334.097/RJ e REsp 1.335.153/RJ) nos quais a discussão envolvia o direito ao esquecimento – ainda que a expressão não tivesse sido utilizada por nenhum dos autores como causa de pedir. A partir destes julgados, o tema direito ao esquecimento ganhou mais notoriedade, e foi objeto de diversas publicações, mas raramente com um olhar cético ou crítico. Mas, afinal, por que lançar críticas a um conceito que, em seguida, foi reconhecido também pelo Tribunal de Justiça da União Europeia?

É neste contexto que devemos celebrar a publicação do livro *O Direito ao Esquecimento na internet: conceito, aplicação e controvérsias*, de Isabella Zalcberg Frajhof, pela conceituada editora Almedina. A presente obra é o resultado da dissertação de mestrado defendida no programa de pós-graduação em Teoria do Estado e Direito Constitucional da Pontifícia Universidade Católica do Rio de Janeiro (PUC-Rio), e aprovada com louvor e distinção pela banca! A rigor, o livro é fruto de estudos, pesquisas e reflexões que antecedem o próprio ingresso no curso de Mestrado. Isabella foi minha orientanda de iniciação científica desde o segundo período da graduação, desenvolvendo pesquisas sobre liberdade de expressão. No final do curso, defendeu monografia intitulada "As consequências do Direito ao Esquecimento para a liberdade de expressão", aprovada com nota máxima e selecionada para publicação na Biblioteca Virtual da PUC-Rio. E desde então, Isabella integra o Grupo de Pesquisa sobre Liberdade de Expressão no Brasil (PLEB), sob minha coordenação.

A intimidade com o tema aliada à formação acadêmica e ao talento para a pesquisa permitiram à autora escrever uma obra singular sobre direito ao esquecimento, lançando sobre esta ideia um olhar mais crítico e reflexivo, e analisando os pontos mais frágeis do conceito, geralmente ignorados pela doutrina civilista brasileira, mas sem deixar de lado a gravidade dos problemas relativos à proteção da privacidade e da liberdade de expressão. Como observou a autora,

> a popularização da terminologia 'direito ao esquecimento' acabou por enviesar o debate sobre a importância de se discutir não apenas a questão dos dados pessoais, mas também as consequências que a internet traz para os direitos fundamentais. O mundo em rede exige uma nova perspectiva sobre como conflitos antigos devam ser apreciados, o que não significa dizer que, para tanto, seja necessário estabelecer novos direitos, mas interpretar e sopesar de maneira contextualizada direitos e institutos já existentes na legislação, a exemplo do que foi feito pela Suprema Corte Argentina e a Corte Constitucional Colombiana.

A presente obra analisa o conceito a partir de suas origens, cobrindo casos históricos julgados na França, na Alemanha e nos Estados Unidos, bem antes do advento da internet e de seus problemas peculiares, mas também analisa julgados recentes de países da América Latina, com questões, cultura e abordagens talvez mais próximas à realidade brasileira. O livro conta ainda com uma investigação jurisprudencial em tribunais de justiça do País, a fim de verificar, para além dos holofotes dos referidos julgados do STJ, como e em que situações o direito ao esquecimento tem sido aplicado pelo Poder Judiciário brasileiro.

O que os leitores encontrarão neste livro é um trabalho de excelência, que reúne seriedade acadêmica e rigor científico e metodológico, afastando-se do entusiasmo pueril e inconsequente com um suposto novo direito, mal elaborado, mal definido, e que já foi até denominado por outros como "direito à esperança", seja lá o que isso signifique (e quais forem as suas implicações).

Rio de Janeiro

Fábio Carvalho Leite
Professor de Direito Constitucional do Programa de
Pós-Graduação da PUC-Rio Coordenador do Grupo de Pesquisa sobre
Liberdade de Expressão no Brasil – PLEB

SUMÁRIO

1. Introdução 17

2. O "Direito ao Esquecimento": das mídias de massa à internet 29
2.1. O Caso que Nunca será Esquecido: Google Spain SL e Google Inc.
vs *Agencia Española de Protección de Datos* (AEPD) e Mario Costeja González 32
    2.1.1. Vigilância, Privacidade e Neutralidade da Rede 43
    2.1.2. Os Tribunais Corporativos e a Irrazoabilidade do Procedimento 46
    2.1.3. A Extraterritorialidade da Decisão do TJUE e a Decisão da CNIL 47
    2.1.4. Legitimação da Censura Privada? 53
    2.1.5. Considerações Finais Sobre as Críticas ao Caso González 57
2.2. A Origem da Ideia de Esquecimento: o *Droit à l'oubli* 58
    2.2.1. O "Direito ao Esquecimento" na França 60
    2.2.2. O "Direito ao Esquecimento" na Alemanha 64
    2.2.3. O "Direito ao Esquecimento" nos Estados Unidos da América 66
2.3. *Droit à l'oubli vs.* "Direito ao Esquecimento" na Internet 69

3. O "Direito ao Esquecimento" chega à América Latina 75
3.1. Argentina: "La Importancia del Rol que Desempeñan los Motores de
Búsqueda en el Funcionamiento de Internet Resulta Indudable" 80
3.2. Colômbia: "Atribuir Responsabilidad a Quienes Prestan Estos Servicios,
por lo General Actores Privados, Podría Afectar la Neutralidad de Internet y
sus Principios de no Discriminación y Acceso en Condiciones de Igualdad" 92
3.3. Peru: "Al Permitirse que los Robots de Búsqueda Puedan Indexar los
Datos Personales y estos sean Difundidos en los Resultados de Búsqueda
Hipervisibles, está Vulnerándose el Derecho del Reclamante a no ser Enlazado
a la Información Materia de Reclamación" 99
3.4. O "Direito ao Esquecimento" a partir das Decisões Analisadas 107
3.5. O Relatório sobre Liberdade de Expressão da Organização Interamericana
de Direitos Humanos do Ano de 2016 110

4. O "Direito ao Esquecimento" no Brasil: onde estamos e para onde vamos?.... 113

4.1. O Tratamento do "Direito ao Esquecimento" no Âmbito do Superior Tribunal de Justiça... 117
    4.1.1. O Caso Chacina da Candelária 117
    4.1.2. O Caso Aída Curi... 121
    4.1.3. Xuxa vs. Google Brasil Ltda. 126
    4.1.4. Ricardo Zarattini Filho vs. Diário de Pernambuco S.A............. 129
    4.1.5. S.M.S vs. Google Brasil Ltda. 131
4.2. O "Direito ao Esquecimento" nos Tribunais de Justiça Estaduais.................. 134
4.3. Os Projetos de Lei sobre o "Direito ao Esquecimento" no Brasil..................... 141
4.4. Reflexões sobre o "Direito ao Esquecimento" no Brasil..................... 150

5. Considerações finais..155

Referências 161

1. Introdução

Em 2008, Sofia Powaczruk Affonso da Costa, com dezenove anos de idade à época, foi uma das participantes do concurso de beleza "Rainha do Gauchão", no qual foi vencedora, tornando-se a Musa do Grêmio Foot-Ball Porto Alegrense. Passados alguns anos, a vida de Sofia tomou um rumo diferente. Ela se formou em publicidade, tornou-se empresária, e atualmente atua no ramo de *stock car* onde possui diversos contratos. No entanto, entre reuniões, seus clientes têm questionado o seu passado enquanto "Rainha do Gauchão", que é facilmente verificável por uma simples busca feita em seu nome no provedor de pesquisa do Google. Por isso, em 2014, Sofia ajuizou uma ação contra o Google, pleiteando seu "direito ao esquecimento"[1], requerendo que fossem excluídas, em caráter liminar, todas as imagens e reportagens que fizessem referência à autora como Musa do Grêmio, quando seu nome fosse pesquisado no Google *Search*. Ela alegava que não desejava mais que a sua imagem se mantivesse vinculada ao título que recebeu, diante dos preconceitos sofridos no seu atual ambiente de trabalho.

    O juiz de primeira instância indeferiu seu pedido liminar, decisão que foi mantida pelos desembargadores em sede de agravo de instrumento. Embora reconhecida a existência do "direito ao esquecimento", considerado um questionamento sobre a necessidade de que determinados fatos continuassem sendo retratados indefinidamente a pretexto de sua historicidade, a controvérsia foi analisada sob a ótica da responsabilidade civil, sendo reconhecida a impossibilidade de que os provedores de pesquisa realizassem este tipo de controle. Segundo o acórdão, isto configuraria uma censura prévia de informações produzidas licitamente por terceiros,

---

[1] TJRS, Agravo de Instrumento nº 0463103-18.2014.8.21.7000, Décima Câmara Cível, sob a relatoria do Desembargador Túlio de Oliveira Martins, j. em 26.03.2015.

além de ser uma medida pouco eficaz, considerando que o conteúdo não seria excluído da fonte original, permanecendo na rede.

Demandas como estas têm se tornado cada vez mais corriqueiras no judiciário. Esta memória social gerada pela internet garante que toda e qualquer informação compartilhada na rede esteja constantemente disponível. É como se a primeira página do jornal de ontem, com a manchete perturbadora, a imagem constrangedora, com as chamadas para as principais notícias do dia, que hoje estaria "forrando a gaiola do papagaio", continuassem a ser a primeira página do jornal de todos os dias, acessível a qualquer momento e a qualquer tempo. Basta um clique, e menos de dez segundos, que qualquer conteúdo se torna acessível em uma pesquisa na internet. Considerando que mais de 80% dos adultos (entre 30 e 49 anos) preferem acessar notícias disponibilizadas *online*,[2] e que no Brasil 48% das pessoas afirmam utilizar a internet como principal canal para acessar notícias,[3] conclui-se que a internet transformou substancialmente o modo pelo qual as pessoas se informam, adquirem e acessam conhecimento.

Gina Smith, uma jornalista americana especializada em tecnologia, reuniu, no início de 2017, estatísticas e tendências da internet que mostram um panorama dos principais números sobre os hábitos dos usuários na rede (SMITH, 2017). Segundo ela, até junho de 2016, de acordo com a *Internet World Stats*, estavam conectados à rede 3,7 bilhões de usuários. Em 2017 foram registrados quase 966 milhões de *sites* na *World Wide Web* e a velocidade da internet alcançou seu ponto mais alto. Nos últimos anos, o navegador Google Chrome tem dominado o mercado, e é quatro vezes mais popular do que o seu competidor mais próximo, Firefox. As três principais atividades, em termos de tempo gasto na internet, em 2015, foram: a visita a portais como o Google e Yahoo (69%); páginas com conteúdo sobre negócios/finanças (58%); e de entretenimento e notícias (51%), enquanto os três *sites* mais visitados na rede são o Google, o Facebook e o Youtube.

---

[2] Ver em: BUSINESS INSIDER. **Here's how people are consuming their news today**. 10 de out. de 2016. Disponível em < http://www.businessinsider.com/heres-how-people-are-consuming-their-news-today-2016-10>. Acesso em 20.01.2018.

[3] Ver em: MITCHELL, Amy; SIMMONS, Katie; MATSA, Eva Katerina; SILVER, Laura. **Across countries, large demographic divides in how often people use the internet and social media for news.** Washington, DC: Pew Research Center, 11 de jan. de 2018. Disponível em < http://www.pewglobal.org/2018/01/11/detailed-tables-global-media-habits/> Acesso em 20.01.2018.

A proeminência do Google nos hábitos de navegação talvez pareça intuitiva, mas, quais são as consequências que decorrem da sua onipresença?

Junto com a internet, o avanço tecnológico possibilitou o aumento da capacidade de processamento e o barateamento dos custos de armazenamento de dados da internet, transformando nossa capacidade de acessar e guardar informações. Embora possam ser celebradas as inovações e o desenvolvimento da tecnologia pelos inegáveis benefícios que delas surgem, sua memória eterna também tem trazido diversos problemas para aqueles que não desejam mais serem lembrados. Se para a sociedade o esquecimento sempre foi a norma e a lembrança a exceção, a tecnologia digital e as redes globais alteraram profundamente esta condição, tornando a memória a regra e o esquecimento um verdadeiro privilégio (MAYER-SCHÖNBERGER, 2009, p. 01).

Esta preocupação do passado que constantemente se faz presente pode gerar repercussões significativas na vida de indivíduos, e os provedores de pesquisa, como o Google, agravam ainda mais esta realidade. Viktor Mayer-Schönberger, professor da Universidade de Oxford, descreve duas histórias que representam bem este problema. A primeira diz respeito à professora Stacey Snyder, de 25 anos, que fora demitida da Universidade onde lecionava, porque havia postado uma foto em seu perfil do MySpace[4] onde aparecia vestida de pirata com uma bebida alcoólica na mão. Segundo a administração da Universidade, a foto não seria considerada profissional, pois expunha aos alunos – de maneira inadequada – a imagem de uma professora consumindo bebida alcoólica. A segunda trata do psicoterapeuta canadense, Andrew Feldmar, que foi proibido de cruzar a fronteira para os Estados Unidos da América, pois as autoridades americanas acharam um artigo na internet, de sua autoria, em que ele mencionava o fato de ter tido uma experiência com LSD na década de 60. Andrew foi interrogado por quatro horas, e teve que assinar uma declaração afirmando que havia ingerido drogas décadas atrás (MAYER-SCHÖNBERGER, 2009, p. 11-12).

O comportamento *online* traz consequências concretas para o mundo *offline* – se é que ainda é possível tratar ambas realidades como distintas.[5]

---

[4] MySpace é uma rede social onde usuários possuem perfis pessoais e interagem com a sua rede de amigos mediante o compartilhamento e postagem de fotos, vídeos, músicas, etc. É semelhante ao Facebook e foi muito popular nos Estados Unidos nos anos 2000.

[5] Ver: FLORIDI, Luciano. **The Offline Manifesto: Being Human in a Hyperconnected Era.** Reino Unido: Springer Open, 2015.

A publicação de qualquer foto, vídeo, texto ou música na internet gera um registro e um diário individual, criando um perfil dos nossos gostos, preferências e opiniões de maneira incontrolável, refletindo a ideia hoje disseminada de que a internet nunca esquece. Compreender esta premissa pode fazer com que indivíduos optem por tolher seu comportamento virtual (ou real?), para evitar os efeitos que casos como o de Snyder e de Feldmar tiveram. Embora seja inerente ao ser humano sua capacidade de mudar e transformar-se, a internet dificulta este processo, o que pode ser extremamente positivo em muitas situações, mas em outras vezes totalmente perturbador.

Para além de informações que são publicadas e compartilhadas na internet, a memória digital também diz respeito à coleta, ao armazenamento e ao tratamento de dados pessoais, referentes aos nossos "vestígios digitais" (LAWRENCE, 2017), que são produzidos na internet ou em qualquer dispositivo móvel conectado à rede. Estes dados são coletados, vendidos e utilizados para ditar nossas preferências musicais, cinematográficas, de compras *online*, de pesquisa, criando um diário digital de todo e qualquer hábito manifestado virtualmente. Estas informações são capazes de movimentar toda uma economia de dados, que lucrou mais de 25 bilhões de dólares no primeiro trimestre de 2017.[6] Neste cenário, a legislação de proteção de dados pessoais é a norma jurídica competente para regulamentar o uso destas informações, embora se reconheça que nem todos os países possuam uma norma geral que trate sobre o assunto.[7]

É neste contexto que a ideia de um "direito ao esquecimento" surge no ambiente virtual: uma possibilidade de que um indivíduo possa ter controle sobre as informações relacionadas a ele mesmo, e que tenham sido compartilhadas na internet, por não desejar mais o seu acesso irrestrito. Segundo Stefano Rodotà,

> O direito ao esquecimento se apresenta como o direito de governar a própria memória, para restaurar a cada pessoa a possibilidade de se reinventar, de

---

[6] Ver em: THE ECONOMIST. **The world's most valuable resource is no longer oil, but data**. 06 de maio de 2017. Disponível em < https://www.economist.com/news/leaders/21721656-data-economy-demands-new-approach-antitrust-rules-worlds-most--valuable-resource> Acesso em 15.01.2017.

[7] Como é o caso dos Estados Unidos da América, que possui legislações esparsas que tratam de maneira setorial sobre o assunto.

construir uma personalidade e identidade, liberando-se da tirania de gaiolas, onde uma memória onipresente e total quer recapturar a todos[8] (RODOTÀ, 2014, p. 34)

O ponto-chave, segundo o autor, é a relação entre memória social e memória digital: a retomada do controle sobre informações que tratem de si que estariam disponíveis na rede. O "direito ao esquecimento" seria uma alternativa para reescrever a própria história, ou até mesmo "uma tentativa inaceitável de restaurar uma privacidade desaparecida como norma social[9]" diante da ilimitada coleta de dados que atualmente ocorre. Contudo, é possível pensar que um direito seria capaz de tutelar esta pretensão por esquecimento, permitindo que as pessoas possam apresentar-se à sociedade em sua melhor versão, tolhendo e tratando informações, validando a expectativa por um total controle sobre o que pode ou não estar disponível na rede?

Este desejo não é algo que surge com o advento da internet, embora possa se afirmar que o mesmo foi potencializado com a sua disseminação. O conceito de um "direito ao esquecimento" remonta à década de 70, na França, onde o termo *droit à l'oubli (right to oblivion)* foi cunhado. Historicamente, este direito era aplicado, excepcionalmente, em casos que envolvessem "um indivíduo que havia cumprido sua sentença penal condenatória, e não desejava mais ser associado às suas ações criminosas."[10] Ou seja, seria a possibilidade de que um cidadão prevenisse que terceiros divulgassem fatos que o associassem a seu passado criminoso, criando uma tensão entre o direito do público em acessar esta informação e o direito à privacidade do indivíduo em manter privados certos fatos, devendo ser levado em consideração se o conteúdo disponibilizado seria ou não considerado *newsworthy*. (AMBROSE; AUSLOOS, 2013, p. 1).

---

[8] Tradução livre de: "Il diritto all'oblio si presenta come diritto a governare la propria memoria, per restituire a ciascuno la possibilità di reinventarsi, di costruire personalità e identità affrancandosi dalla tirannia di gabbie nelle quali una memoria onnipresente e totale vuole rinchiudere tutti".
[9] Tradução livre de: "O un inaccettabile tentativo di restaurare una privacy scomparsa come norma sociale".
[10] Tradução livre de: "exceptional cases involving an individual who has served a criminal sentence and wishes to no longer be associated with the criminal actions."

O *droit à l'oubli* se apresenta, portanto, como um

limite à atividade midiática, restringindo a imprensa e programas de televisão de tornarem público, mais uma vez, aspectos da vida pessoal (em muitos casos que envolvem uma conotação negativa) que foram objeto do interesse público no passado (MANTELERO, 2013, p. 230)[11]

O indivíduo teria a possibilidade de determinar, de maneira autônoma, o desenvolvimento da sua própria vida, sem ser constantemente estigmatizado pelo seu passado, principalmente diante do lapso temporal de eventos pretéritos que não se relacionem mais com seu atual contexto. Isto se justificaria diante do desejo individual de proteger sua privacidade e, de certa forma, manter em anonimato certos aspectos do seu passado, assim como do seu presente (MANTELERO, 2013, p. 230).

Este conceito ressurgiu a partir de 2012, popularizando-se globalmente, quando Viviane Reding, Vice-Presidente da Comissão da União Europeia, anunciou a necessidade de reformar o Regulamento Geral sobre Proteção de Dados da União Europeia (Diretiva 95/46/EC, de outubro de 1995), mencionando a importância de se garantir aos cidadãos europeus o "direito ao esquecimento" para que estes retomassem o controle sobre seus próprios dados pessoais (REDING, 2012). Esta iniciativa culminou na aprovação, em 04 de maio de 2016, dos novos Regulamento Geral e Diretiva Geral sobre Proteção de Dados Pessoais da União Europeia, que entraram em vigor nos dias 25 e 06 de maio de 2018, respectivamente,[12] que previu expressamente, em seu artigo 17, o "direito ao esquecimento". O Memorando Explanatório para a Proposição da referida regulação indica que o artigo 17 prevê "condições para o direito ao esquecimento, incluindo a obrigação de que o controlador que tornou público dados pessoais informe

---

[11] Tradução livre de: "From this perspective, the droit à l'oubli represents a limit to media activities, forbidding press and TV to make public, once again, aspects of personal life (in many cases with a negative connotation) that were the object of public interest in the past".
[12] Regulação (UE) 2016/679 do Parlamento e do Conselho de 27 de abril de 2016 relativo à proteção das pessoas singulares no que diz respeito ao tratamento de dados pessoais e à livre circulação desses dados, revogando a Diretiva 95/46/CE (Regulamento Geral sobre a Proteção de Dados). Disponível em <http://eur-lex.europa.eu/legal-content/PT/TXT/PDF/?uri=CELEX:32016R0679&from=EN>. Acesso em 25.03.2017.

terceiros sobre o pedido do indivíduo para apagar *links*, cópias ou réplicas dos dados pessoais".[13]

Enquanto o "direito ao esquecimento" historicamente vinha sendo invocado para proteger a privacidade de indivíduos quando uma nova publicação sobre informações pretéritas ocorresse, surge uma nova atribuição ao significado do mesmo. Isto é, o "direito ao esquecimento" garantiria aos indivíduos um maior controle sobre a circulação de seus dados pessoais no âmbito da internet. Embora a separação entre o direito à privacidade e a proteção de dados pessoais não seja bizantina (RODOTÀ, 2007, p. 13), pode-se afirmar que houve um desenvolvimento do seu conceito à luz da sociedade de informação, em que o direito à proteção das informações pessoais torna-se uma "característica permanente do direito à privacidade" (RODOTÀ, 2007, p. 63), havendo uma expansão da definição deste direito, que inclui uma necessidade de "proteção mais ampla e eficaz da circulação dessas informações pessoais" (KONDER, 2013, 373). Assim, a legislação de proteção de dados pessoais torna-se a norma competente para tutelar este novo aspecto da privacidade. Desta forma, conquanto se possa afirmar que a previsão de dito direito pelo artigo 17 tenha gerado mais dúvidas do que certezas, não se sabendo ao certo o que de fato são os deveres que decorrem deste direito,[14] o mesmo aponta para uma nova concepção do "direito ao esquecimento" em que boa parte da doutrina brasileira parece concordar.

No entanto, além desta previsão, outro evento motivou o crescente interesse sobre o assunto: o julgamento pelo Tribunal de Justiça da União Europeia (TJUE), em 2014, do caso Google Spain SL e Google Inc. *vs. Agencia Española de Protección de Datos* (AEPD) e Mario Costeja González (doravante caso González). Nesta oportunidade, o "direito ao esquecimento" foi

---

[13] COMISSÃO EUROPEIA. **Memorando Explanatório para a Proposição de Regulação do Parlamento e Conselho Europeu sobre proteção de indivíduos no que diz respeito ao processamento de dados pessoais o livre fluxo de tais dados**. Disponível em <http://ec.europa.eu/justice/data-protection/document/review2012/com_2012_11_en.pdf. Acesso em 22.04.2017.

[14] Sobre as dificuldades de compreensão sobre o que de fato é esta obrigação, e como ela se diferencia do conceito histórico do "direito ao esquecimento" ver KELLER, 2017a; HOBOKEN, 2013; ZANFIR, 2014; AMBROSE, 2014; CUNHA; ITAGIBA, 2016; e AMBROSE; AUSLOOS, 2013.

extraído do artigo 12, alínea b), da Diretiva 95/46/EC,[15] e representou uma mudança na interpretação da extensão da responsabilidade dos provedores de pesquisa da internet (RIBEIRO, 2015, p. 116). A leitura do TJUE sobre a referida Diretiva permitiu que, a fim de garantir a proteção do direito à privacidade dos cidadãos europeus, e o controle do processamento e tratamento de seus dados pessoais, os provedores de busca sejam obrigados a excluir de sua lista de resultado de pesquisa *links* que contivessem informações pessoais legalmente publicadas na internet.

Embora esta interpretação tenha garantido uma maior proteção à privacidade dos indivíduos no mundo virtual, a decisão da TJUE pode ter atribuído pouco peso para outros direitos fundamentais, também garantidos pela referida Diretiva (RIBEIRO, 2015, p. 116). O reconhecimento de um "direito ao esquecimento" no ambiente da internet, de acordo com o entendimento selado pelo TJUE, encontra entusiastas e opositores, dividindo o debate entre aqueles que reconhecem a necessidade de garantir uma maior proteção aos indivíduos na sociedade da informação, sob o fundamento da proteção do direito à privacidade e dos dados pessoais, e aqueles que apresentam argumentos razoáveis para as consequências à liberdade de expressão, ao acesso à informação e à compreensão de uma rede não fragmentada como atualmente conhecemos.

Além das dificuldades teóricas e práticas da referida decisão, que serão analisadas neste livro, o caso González tem influenciado o ajuizamento de diversas demandas, bem como a proposição de diversos projetos de lei que tratam sobre o tema. Contudo, os pedidos por "direito ao esquecimento" e as suas tentativas de regulação, que fazem expressa referência àquela decisão e ao contexto europeu, nem sempre guardam estrita relação com o que foi definido pelo TJUE (a obrigação de desindexação), ignorando as premissas e as exceções estabelecidas pelo julgamento. As livres interpretações que têm sido feitas sobre o "direito ao esquecimento" trazem à tona incertezas sobre o que de fato é este direito. Afinal, o que estamos querendo dizer quando alegamos o "direito ao esquecimento"? Qual seria o seu fundamento e as obrigações decorrentes do mesmo? O que ele abrange

---

[15] "Artigo 12: Os Estados-membros garantirão às pessoas em causa o direito de obterem do responsável pelo tratamento (...) b) Consoante o caso, a retificação, o apagamento ou o bloqueio dos dados cujo tratamento não cumpra o disposto na presente diretiva, nomeadamente devido ao carácter incompleto ou inexato desses dados".

e protege? Quais são as suas particularidades com o advento da internet, e como ele se relaciona ou se diferencia do clássico *droit à l'oubli*? (LEITE; FRAJHOF, 2018).

Este livro tem como objetivo enfrentar estas perguntas através do estudo da origem do "direito ao esquecimento", enquanto *droit à l'oubli*, e sua posterior aplicação ao ambiente da internet, que faz surgir novos desafios inerentes à própria lógica de funcionamento da internet, e se relaciona "de forma próxima com a regulação referente aos danos à privacidade causados pelas novas formas de publicidade de informações *online*, particularmente aquela dada pelos provedores de busca e pelas mídias sociais" (HOBOKEN, 2013, p. 1).[16] Se, por sua vez, o mencionado *leading case* atribuiu certo sentido ao "direito ao esquecimento", entendendo que o mesmo constituiria uma obrigação de desindexação direcionada ao provedor de busca, isto significa que outros Tribunais, de diferentes países, deveriam compreender aquele direito da mesma forma? Considerando que dito direito se fundamentou na regulação de proteção de dados pessoais, como países que não possuem uma norma geral sobre o assunto deverão lidar com o "direito ao esquecimento"? Ainda, sob o rótulo do "direito ao esquecimento", poderia ser exigido diretamente aos responsáveis pela publicação do conteúdo que realizassem a sua remoção, muito embora o TJUE tenha descartado explicitamente esta hipótese?

Para enfrentar os questionamentos ora apresentados, a segunda parte deste livro investigará a origem do *droit à l'oubli* a partir da análise de decisões dos tribunais da França, Alemanha e Estados Unidos da América, visto que a ideia de um "direito ao esquecimento" surge a partir do seu reconhecimento pela jurisprudência dos referidos países. Embora este termo apenas tenha sido utilizado expressamente na França, os demais casos são comumente citados pela doutrina e jurisprudência como exemplos de julgamentos sobre o referido direito. A partir da decisão do TJUE há uma nova definição do que seja o "direito ao esquecimento" aplicado à internet. Conforme será demonstrado, este conceito ganha novos contornos e fundamento, envolvendo outros agentes, quando comparados ao tradicional *droit à l'oubli*. Diante da repercussão global daquele caso, as principais críticas que foram feitas ao julgado serão enfrentadas, com o

---

[16] Tradução livre de: "that relates closely to the regulation of privacy harms caused by new forms of publicity online, most notably search engine and social media publicity"

intuito de que sejam compreendidas as dificuldades e controvérsias que o mesmo gerou. Ao final, este trabalho opta por fazer uma diferenciação entre o *droit à l'oubli* e o "direito ao esquecimento" à luz do caso González, evidenciando as novas nuances que este direito adquire a partir da sua aplicação no mundo *online*.

A terceira parte deste livro apresenta três casos sobre o "direito ao esquecimento" aplicado à internet, julgados pelas Supremas Cortes da Argentina e da Colômbia, e pela autoridade de proteção de dados do Peru. A escolha das decisões proferidas nestes países, e não em outros,[17] se justifica pelas diferentes soluções adotadas pelas autoridades competentes para decidir o conflito. A exposição daqueles casos não tem como objetivo transformar este trabalho em uma mera análise de Direito Comparado. O intuito é trazer um retrato de como casos semelhantes ao julgado pelo TJUE foram decididos em alguns países da América Latina, para revelar como regiões com um contexto histórico e cultural semelhante ao Brasil têm lidado com este tipo de controvérsia. Considerações sobre o "direito ao esquecimento" elaboradas pelo relatório sobre a liberdade de expressão da Organização Interamericana de Direitos Humanos de 2016 são trazidas para que se tenha um olhar crítico sobre as iniciativas que tratam sobre o assunto.

A quarta parte deste livro busca, após transcorrer a origem, transformação e a difusão do "direito ao esquecimento", observar como a questão tem sido tratada no Brasil no âmbito da jurisprudência do Superior Tribunal de Justiça (STJ) e de seis Tribunais de Justiça Estaduais, representativos das cinco regiões geográficas brasileiras, para que se tenha um panorama das principais demandas que têm alcançado o judiciário. Em especial, a análise dos casos Aída Curi e Chacina da Candelária pelo STJ serão de suma importância, considerando que foi a primeira vez que este Tribunal se manifestou sobre o assunto, reconhecendo a existência do "direito ao esquecimento" no ordenamento jurídico brasileiro, embora dito direito não tenha prevalecido no caso de Aída.

Em seguida, uma série de projetos de lei que se propõem regular o "direito ao esquecimento" serão analisados, podendo-se afirmar, em suma,

---

[17] O Chile, a Costa Rica, o México e o Uruguai também possuem decisões que trataram sobre o "direito ao esquecimento". Para uma breve leitura do que trataram estes casos, e algumas críticas que foram feitas aos mesmos, ver ARTIGO 19, 2017, p. 16-30.

que todos cuidam do tema de maneira insatisfatória. A exposição deste conteúdo visa indicar o atual cenário sobre o "direito ao esquecimento", para avaliar se é possível apontar para onde estamos caminhando. Questiona-se, ao final, o que de fato é o "direito ao esquecimento", indagando-se se há a necessidade de afirmar a existência de um direito autônomo, ou se é possível inferir, a partir de direitos e institutos já existentes em nosso ordenamento jurídico, garantias que visam proteger a privacidade dos indivíduos e de sua própria memória digital no atual contexto da sociedade da informação.

2. O "Direito ao Esquecimento": das mídias de massa à internet

Desde o anúncio, em janeiro de 2012, sobre a necessidade de reformar o Regulamento Geral sobre Proteção de Dados da União Europeia (Diretiva 95/46/EC, de outubro de 1995), o termo "direito ao esquecimento" tem reverberado nas mais diversas instâncias. Ganhou manchetes de jornais em todo o mundo, motivou o debate nos meios acadêmicos de maneira interdisciplinar, entre técnicos, juristas e demais áreas das ciências sociais. Naquele momento, o tom do discurso apresentava uma preocupação real sobre os desafios regulatórios que o desenvolvimento da tecnologia impõe à sociedade, especialmente em relação à preocupação da proteção dos dados pessoais dos indivíduos, e seus "vestígios digitais".

Como antecipado por Viviane Reding, o "direito ao esquecimento" seria um mecanismo adequado para garantir aos cidadãos europeus a retomada do controle sobre seus próprios dados, e é compreendido por ela como a possibilidade de retirada de consentimento à atividade de processamento de dados pessoais que foram disponibilizados pelos próprios cidadãos. Tal possibilidade foi expressamente prevista pelo artigo 17 da mencionada regulação, denominado como o direito a apagar dados, ou, o direito a ser esquecido (*the right to erasure* ou *the right to be forgotten*), criando-se uma obrigação direcionada ao controlador de dados para que cesse o seu processamento quando assim requerido, conforme as hipóteses previstas pelo artigo, devendo informar terceiros sobre tal pedido.

Embora se reconheça a importância de se regulamentar a coleta, processamento e armazenamento de dados pessoais na atual sociedade de informação,[18]

---

[18] Segundo Carlos Nelson Konder, a sociedade da informação "se calca na virtualização dos bens sob a forma de dados minimamente processados e organizados para serem utilizados

tendo em perspectiva a ameaça à privacidade dos indivíduos e a constante vigilância que as novas tecnologias e a própria internet permitem,[19] muito se tem criticado a escolha da nomenclatura deste direito como o "direito ao esquecimento", tendo sido apontado como um dos seus problemas primários (ZANFIR, 2014, p. 5), pois "provoca reações emocionais e instintivas, frequentemente negativas, ao invés de [oferecer] uma resposta racional e pensada"[20] sobre o assunto (BERNAL, 2011).

O anúncio de que se fazia necessária a proclamação deste direito foi recebido com críticas, ou com apoio, e por vezes com certo ceticismo (AMBROSE; AUSLOOS, 2013, p. 1). A sua previsão pelo novo Regulamento Geral sobre Proteção de Dados Pessoais da União Europeia confirma ainda mais este imbróglio. O nome atribuído ao mesmo não guarda correlação direta com a sua proposta, principalmente diante da impossibilidade – teórica e prática – de controlar que terceiros sejam adimplentes com o seu comando de esquecer algo. A previsão do "direito ao esquecimento" pela referida regulação da União Europeia, pioneira na discussão sobre o tema, alimentou a dificuldade da atribuição de significado ao seu conceito.

Logo após o anúncio de Viviane Reding, em maio de 2014, o Tribunal de Justiça da União Europeia julgou o caso González. Nesta oportunidade, entendeu-se que o "direito ao esquecimento" constituiria uma mera obrigação de desindexação, fundamentada na legislação de proteção de dados pessoais, em que os provedores de busca haviam sido considerados responsáveis pelo tratamento de dados pessoais, e deveriam proceder com a desindexação sempre que os *links* indicados pelo ofendido contivessem informações pessoais consideradas "inexatas", "inadequadas", "não sejam pertinentes ou já

e transferidos". (KONDER, 2013, p. 362). Ainda, Rodotà apresenta a seguinte definição: "A sociedade da informação se especifica, portanto, como "sociedade dos serviços", com elevada padronização e crescentes vínculos internacionais. Disso decorrem duas consequências: quanto mais os serviços são tecnologicamente sofisticados, mais o indivíduo deixa nas mãos do fornecedor do serviço uma cota relevante de informações pessoais; quanto mais a rede de serviços se alarga, mais crescem as possibilidades de interconexões entre bancos de dados e de disseminação internacional das informações coletadas" (RODOTÀ, 2007, p. 66)
[19] Ver BAUMAN, 2014 (sobre vigilância pós-panóptica por meio do uso de tecnologias) e MAYER-SCHÖNBERGER, Viktor; CUKIER, Kenneth, 2013 (sobre o uso de *big data* e a potencial ameaça à privacidade dos indivíduos que esta causa, além de possibilitar novas formas de controle).
[20] Tradução livre de: "That it provokes emotional and instinctive reactions, often very negative, rather than rational and thought-through responses"

não sejam mais pertinentes" ou "sejam excessivas atendendo às finalidades do tratamento em causa realizado pelo provedor de busca".

O impacto global desta decisão motivou o aumento de demandas pleiteando tal medida, desafiando Tribunais de diferentes países a interpretar o que seria o "direito ao esquecimento". Além disso, isto movimentou diversos legisladores na elaboração de leis que tentavam regular tal direito, sendo que muitas propostas foram inspiradas na decisão do TJUE, embora a maior parte dos projetos regulassem obrigações completamente diferentes daquela prevista no caso. Ao longo deste livro será possível notar que houve certa banalização do conceito, visto que este tem sido utilizado para tutelar situações diferentes daquela retratada no caso González, além de ter justificado a imposição das mais variadas obrigações pela alegada inobservância daquele direito, sem que haja um entendimento preciso e determinado do que estaria abarcado pelo "direito ao esquecimento".

Por isso, para melhor trabalhar o conceito e origem do "direito ao esquecimento", um desafio inicial é a identificação deste direito e as obrigações que dele decorrem, sendo necessário percorrer a origem desta nomenclatura e as novas nuances que surgem do mesmo a partir da decisão do caso González. Embora se reconheça que a ideia do "direito ao esquecimento" tem origem no *droit à l'oubli* (BERNAL, 2011; FELLNER, 2014; HOBOKEN, 2014), o seu conceito foi se desenvolvendo à luz do atual contexto da sociedade da informação, como descrito por Viviane Reding, e atualmente pode ser compreendido como uma garantia aos cidadãos para que tenham controle sobre as suas informações pessoais no ambiente virtual.[21]

Desta forma, cabe apresentar a origem da ideia de um "direito ao esquecimento" e explorar o seu desenvolvimento. Esta tarefa se faz necessária diante da grande dúvida que envolve este conceito. Por isso, este capítulo analisará a sua origem e o seu desenrolar quando o mesmo é aplicado ao contexto virtual. A análise se iniciará pelo *leading case* julgado pelo TJUE, onde serão apresentadas uma série de críticas que foram feitas à decisão, e, em seguida, serão apresentados casos dos tribunais da França, Alemanha e Estados Unidos da América, visto que a ideia de um "direito ao

---

[21] Reitera-se a observação já feita na introdução deste trabalho, e que será feita ao longo do mesmo, de que a ampla definição da União Europeia sobre dados pessoais permitiu que o TJUE entendesse que a notícia publicada sobre o Sr. González fosse considerada como um dado pessoal.

esquecimento" surge a partir da jurisprudência dos referidos países. Ao final, embora não seja feita pela doutrina uma distinção teórica em relação aos conceitos do "direito ao esquecimento", compreendido à luz do caso González, e o clássico *droit à l'oubli*, este trabalho se propõe distinguir estes dois momentos, se valendo de diferentes terminologias para se referir ao seu momento de origem (*droit à l'oubli*), e à sua posterior aplicação em conflitos ocorridos na internet ("direito ao esquecimento"). O intuito é evidenciar as diferenças entre ambos em relação aos seus fundamentos, aos agentes envolvidos e aos deveres e obrigações que surgem em relação à sua violação.

2.1. O Caso que Nunca será Esquecido: Google Spain SL e Google Inc. *vs Agencia Española de Protección de Datos* (AEPD) e Mario Costeja González

A decisão do TJUE no caso González (Processo C-131/12)[22], em maio de 2014, apresentou novas nuances e características ao "direito ao esquecimento", e é por muitos compreendida como a efetivação deste direito no âmbito virtual.[23] No entanto, o entendimento firmado neste julgamento, de que o "direito ao esquecimento" seria a possibilidade de meramente desindexar determinados *links* do índice de pesquisa de buscadores na internet, pode ser compreendido apenas como uma das obrigações que este direito garante, uma vez que as mais diversas soluções dadas pelos Tribunais, e pensadas pela doutrina, têm se utilizado deste direito para pleitear desde a desindexação, até a retirada de conteúdo de plataformas digitais, tudo sob o mesmo rótulo do "direito ao esquecimento".

O caso González julgado pelo TJUE será exposto neste capítulo com o intuito de evidenciar o conteúdo da decisão e os entendimentos

---

[22] TRIBUNAL DE JUSTIÇA DA UNIÃO EUROPEIA. C-131/12. Google Spain SL e Google Inc. *vs. Agencia Española de Protección de Datos* (AEPD) e Mario Costeja González, j. em 13.05.2014.
[23] Ver: VIDIGAL, 2016 e HELAYEL, 2017. Ainda, a Câmara dos Lordes, reunida na 2ª sessão de 2014/2015 para o Comitê da União Europeia, a discutir o "direito ao esquecimento", afirmou que o mesmo trata de um direito previsto pela Diretiva 95/46/EC para "permitir que indivíduos obtenham dos controladores de dados o apagamento de *links* que contenham dados considerados prejudiciais para ele ou ela". Disponível em <https://www.publications.parliament.uk/pa/ld201415/ldselect/ldeucom/40/40.pdf> Acesso em 01.05.2017.

estabelecidos a partir do mesmo, para que seja possível compreender o desenvolvimento do conceito do "direito ao esquecimento" a partir da decisão. Além disso, serão expostos os problemas teóricos e práticos do julgamento, diante das consequências mundiais que esta decisão gerou, desafiando a estrutura da internet como atualmente é compreendida, bem como conceitos tradicionais e direitos fundamentais.

O caso que, ironicamente, nunca será esquecido tratou de uma ação movida pelo cidadão espanhol Mario Costeja González, perante a *Agencia Española de Protección de Datos* – AEPD, em face do jornal de grande circulação da Catalunha *La Vanguardia Ediciones SL (La Vanguardia)* e das empresas Google Spain e Google Inc. Segundo o Sr. González, as demandadas haviam violado seus direitos à proteção de dados pessoais e à privacidade, diante de dois *links* que retornavam de uma pesquisa realizada em seu nome nos respectivos provedores de busca. Estes resultados faziam referência a matérias publicadas pelo jornal *La Vanguardia*, nos dias 19 de janeiro e 9 de março de 1998, que anunciavam a venda de imóvel de propriedade do autor em hasta pública, para recuperação de créditos devidos por ele junto à Seguridade Social espanhola.

González requereu que o jornal suprimisse ou alterasse as informações dispostas nas referidas matérias, para que seus dados pessoais deixassem de aparecer, ou que o *La Vanguardia* se valesse de ferramentas tecnológicas para proteger seus dados. Em relação ao Google Spain e ao Google Inc., pleiteou que os buscadores suprimissem ou ocultassem seus dados pessoais, de forma que os *links* das páginas do jornal sobre o assunto não retornassem mais no índice de pesquisa quando seu nome fosse pesquisado. Seu argumento era que o processo para recuperação de crédito já havia sido julgado há anos, e que a referência ao seu nome relacionado àquele fato carecia de pertinência atual.

A AEPD julgou improcedente o pedido em relação ao *La Vanguardia*, pois considerou que a publicação se justificaria por ser uma obrigação prevista pelo Ministério do Trabalho e de Assuntos Sociais, e que tinha como objetivo dar maior publicidade à venda de imóveis em hasta pública para promover um número maior de licitantes que participariam no leilão.[24]

---

[24] Vale ressaltar que as referidas matérias apenas se tornaram disponíveis na internet diante da determinação do jornal para que seu acervo fosse digitalizado e disponibilizado em seu sítio eletrônico.

Entretanto, o pedido voltado às empresas Google Spain e Google Inc. foi deferido, tendo a AEPD considerado que os provedores de aplicação da internet estariam sujeitos à legislação de proteção de dados pessoais da União Europeia, pois constatou que as empresas exercem a atividade de tratamento de dados, atuando como intermediários da sociedade de informação. Consequentemente, deveriam atender aos pedidos de retirada de dados quando solicitados, sempre que a identificação e a difusão das informações indicadas fossem capazes de lesar o direito fundamental de proteção dos dados e a dignidade da pessoa humana em sentido amplo. Isto significaria que a vontade do indivíduo interessado deveria ser respeitada, a fim de impedir que determinados dados fossem conhecidos por terceiros. Essa obrigação, segundo a Agência, incube diretamente aos provedores, sem a necessidade de que os dados ou informações sejam suprimidos da página da internet onde o conteúdo foi publicado.

As empresas Google Spain e o Google Inc. interpuseram recursos em face da referida decisão, questionando quais seriam as obrigações impostas aos provedores de busca em casos semelhantes ao julgado, quando indivíduos não desejassem mais que informações publicadas em *sites* de terceiros, que contenham seus dados pessoais, sejam localizadas, indexadas e disponibilizadas em seus resultados de pesquisa. Tendo em vista que a resposta para tal questionamento dependia da interpretação à Diretiva 95/46/CE do Parlamento Europeu e do Conselho,[25] relativa à proteção de dados pessoais e à livre circulação de dados, à luz do atual contexto tecnológico, a Agência suspendeu a demanda e submeteu a questão ao TJUE.

O pedido envolvia a interpretação dos seguintes artigos da Diretiva: artigos 2.º, alíneas b) e d), 4.º, n. o 1, alíneas a) e c), 12.º, alínea b), e 14.º, primeiro parágrafo, alínea a), bem como os artigos 7.º e 8.º da Carta de Direitos Fundamentais da União Europeia. Em suma, as questões submetidas ao TJUE que deveriam ser respondidas eram: (i) se a Diretiva 95/46/CE seria aplicável aos provedores de busca como o Google; (ii) se a Diretiva 95/46/CE se aplicaria à empresa Google Spain, considerando que o servidor que opera o tratamento de dados localiza-se nos Estados Unidos da América; (iii) a extensão da responsabilidade dos provedores de busca, e (iv) se um

---

[25] Diretiva 95/46/CE do Parlamento Europeu e do Conselho de 24 de outubro de 1995. Disponível em <http://eur-lex.europa.eu/legal-content/PT/TXT/?uri=CELEX%3A31995L0046> Acesso em 15.04.2017.

indivíduo teria o direito de requerer que seus dados pessoais fossem removidos dos índices de pesquisa dos buscadores da internet, evitando que os usuários da rede os acessassem por meio de pesquisa realizada naqueles *sites* (denominado como o "direito ao esquecimento").[26]

Considerando o objeto de estudo do presente trabalho, apenas se aprofundará sobre os questionamentos indicados nos itens (iii) e (iv), uma vez que é importante destacar as motivações do Tribunal para a imposição de responsabilidade aos buscadores de pesquisa da internet, além do entendimento do que foi compreendido como o "direito ao esquecimento".[27]

O TJUE foi instado a responder se a interpretação dada aos artigos 12.º, alínea b) e artigo 14.º, parágrafo primeiro e alínea a) da Diretiva 95/46 autorizaria um direito de apagamento e/ou o "direito a ser esquecido". Este constituiria na obrigação de desindexar dos índices de pesquisa determinados *links* retornados de uma busca realizada no nome de um indivíduo, independentemente se a publicação do conteúdo tenha ocorrido de forma lícita. As empresas Google Spain e Google Inc. argumentaram que esta obrigação seria desproporcional, uma vez que a responsabilidade da publicação é daquele que dispõe da informação em seu *site*, além de violar

---

[26] A Comissão da União Europeia houve por bem organizar, de forma simplificada, as questões que deveriam ser analisadas pelo TJUE no julgamento do caso González. O material pode ser acessado no seguinte link: http://ec.europa.eu/justice/data-protection/files/factsheets/factsheet_data_protection_en.pdf. Acesso em 15.04.2017.

[27] O Tribunal teve o seguinte entendimento em relação ao item (i): "Decorre das considerações precedentes que há que responder à segunda questão, alíneas a) e b), que o artigo 2.º, alínea b), da Diretiva 95/46 deve ser interpretado no sentido de que, por um lado, a atividade de um motor de busca que consiste em encontrar informações publicadas ou inseridas na Internet por terceiros, indexá-las automaticamente, armazená-las temporariamente e, por último, pô-las à disposição dos internautas por determinada ordem de preferência deve ser qualificada de «tratamento de dados pessoais», na acepção do artigo 2.º, alínea b), quando essas informações contenham dados pessoais, e de que, por outro, o operador desse motor de busca deve ser considerado «responsável» pelo referido tratamento, na acepção do dito artigo 2.º, alínea d)".
Em relação ao item (ii), foi consolidado o seguinte entendimento: "Decorre do que precede que há que responder à primeira questão, alínea a), que o artigo 4.º, n.º 1, alínea a), da Diretiva 95/46 deve ser interpretado no sentido de que é efetuado um tratamento de dados pessoais no contexto das atividades de um estabelecimento do responsável por esse tratamento no território de um Estado-Membro, na acepção desta disposição, quando o operador de um motor de busca cria num Estado-Membro uma sucursal ou uma filial destinada a assegurar a promoção e a venda dos espaços publicitários propostos por esse motor de busca, cuja atividade é dirigida aos habitantes desse Estado-Membro".

os direitos fundamentais dos usuários, dos editores de páginas *web* e do próprio provedor de busca da internet.

Contudo, este argumento foi descartado pelo TJUE. O que norteou a posição do Tribunal foi o artigo 1º, e o Considerando 10 da Diretiva 95/46, que tem como objetivo garantir um "nível elevado de proteção das liberdades e dos direitos fundamentais das pessoas singulares, nomeadamente, da sua vida privada, no que diz respeito ao tratamento de dados pessoais". Este princípio guia todas as demais disposições da referida regulamentação, e reflete nas obrigações impostas aos responsáveis pelo tratamento de dados pessoais.[28] Em contrapartida a esta atividade, os indivíduos têm direito ao acesso a estes dados, podendo requerer que suas informações pessoais sejam retificadas, apagadas ou bloqueadas quando estiverem incompletas ou inexatas, e, em algumas situações, podem se opor ao seu tratamento.

Nesse contexto, embora tenha sido reconhecida a conformidade do tratamento de dados por parte dos buscadores da internet (artigos 6.º e 7.º, alínea f), da Diretiva 95/46), caso determinada pessoa se oponha a este tratamento diretamente ao responsável, e se tal pedido for negado (artigos 12.º, alínea b), e 14.º, parágrafo primeiro, alínea a), da Diretiva 95/46), entendeu-se que os provedores de busca da internet teriam a obrigação de retirar os *links* indicados pelo indivíduo de seu índice de pesquisa, quando assim requeridos.

Cabe uma ressalva sobre a definição do artigo 2º, alínea a) da Diretiva 95/46, que estabelece o conceito de dados pessoais. Este é definido como qualquer informação relativa a uma pessoa que possa ser identificada ou identificável a partir de "um ou mais elementos específicos da sua identidade física, fisiológica, psíquica, econômica, cultural ou social". Conforme o "Manual da Legislação sobre Proteção de Dados", dados pessoais podem ser informações que contêm dados sobre determinada pessoa, identificada naquelas informações, ou que, "embora não esteja identificada, [esteja] descrita nestas informações de forma que permita descobrir quem é a pessoa em causa efetuando pesquisas adicionais"[29]. A partir desta definição,

---

[28] No que diz respeito "à qualidade dos dados, à segurança técnica, à notificação à autoridade de controle, às circunstâncias em que o tratamento pode ser efetuado".

[29] CONSELHO DA EUROPA. **Manual da Legislação Europeia sobre Proteção de Dados**. Bélgica, 2014. Disponível em <https://rm.coe.int/16806ae65f>. Acesso em 25.03.2017. Pg. 40.

pode-se afirmar que a reunião dos *links* sobre as dívidas da seguridade social do Sr. González pôde se enquadrar neste conceito.

Segundo o Tribunal, o tratamento de dados, como aquele realizado no caso González, afetaria o direito fundamental à privacidade e à proteção dos dados pessoais, pois "o referido tratamento permite a qualquer internauta obter, com a lista de resultados, uma visão global estruturada das informações sobre essa pessoa", expondo o indivíduo "a numerosos aspectos da sua vida privada e que, sem o referido provedor de busca, não poderiam ou só muito dificilmente poderiam ter sido relacionadas". A função dos provedores de busca de indexarem várias informações, anteriormente desconectadas, capazes de produzir um *profile* dos indivíduos, foi determinante para separar a análise do caso em relação às empresas e ao jornal (KELLER, 2017, p. 23). Diante disto, foi considerado pelo TJUE que, em razão da facilidade de acesso às informações contidas na internet, o "efeito de ingerência" nos direitos fundamentais do indivíduo seria potencialmente maior.

Embora as empresas tenham argumentado que não seriam responsáveis pelo controle, filtro e discriminação das informações dispostas na internet, pois essas seriam funções exercidas pelos editores dos *sites*, verdadeiros responsáveis pela publicação, o Tribunal manteve sua posição de onerar os intermediários a desindexarem tais informações.

Mesmo tendo sido feita a ressalva de que a supressão de informações do resultado de busca dos provedores de pesquisa afetaria o direito ao acesso à informação dos usuários, fixou-se uma regra geral para garantir que a proteção dos dados pessoais dos indivíduos prevalecesse sobre os direitos dos demais usuários da internet. Foi ressaltado, no entanto, que poderiam ocorrer exceções a esta regra quando houvesse "interesse do público em dispor desta informação, que pode variar, designadamente, em função do papel desempenhado por essa pessoa na vida pública". Ou seja, o direito à proteção de dados pessoais não prevaleceria quando envolvessem informações de interesse público.

É importante destacar o entendimento do Tribunal de que as informações publicadas em *sites* de terceiros podem ter uma finalidade jornalística, e, nestes casos, ganham a proteção do artigo 9º da Diretiva.[30] Como não se

---

[30] Diz respeito ao tratamento de dados pessoais e a garantia da liberdade de expressão: "Os Estados-membros estabelecerão isenções ou derrogações ao disposto no presente capítulo

pode assemelhar a atividade jornalística, de expressão artística ou literária, com aquela exercida pelos provedores de busca da internet, apenas foi reconhecido ao indivíduo o direito de requerer a exclusão de determinado dado perante o provedor (com base nos artigos 12.º alínea b), e 14.º, primeiro parágrafo, alínea a), da Diretiva 95/46), mas não contra o editor responsável pela publicação. Isto porque a inclusão de determinado *link* no índice de resultados, oriunda de uma pesquisa realizada em nome de determinada pessoa, "facilita sensivelmente a acessibilidade dessas informações a qualquer internauta que efetue uma pesquisa sobre a pessoa em causa e pode ter um papel decisivo na difusão das referidas informações", tendo potencial de afetar, em maior amplitude, os direitos dos indivíduos, do que os direitos que protegem a publicação em si.

Assim, os provedores de busca, para garantir a proteção dos direitos fundamentais previstos na Diretiva, e satisfeitas as condições, são:

> obrigado[s] a suprimir da lista de resultados, exibida na sequência de uma pesquisa efetuada a partir do nome de uma pessoa, as ligações a outras páginas *web* publicadas por terceiros e que contenham informações sobre essa pessoa, também na hipótese de esse nome ou de essas informações não serem prévia ou simultaneamente apagadas dessas páginas web, isto, se for caso disso, mesmo quando a sua publicação nas referidas páginas seja, em si mesma, lícita (Opinião do Tribunal, parágrafo 88).

O mecanismo para cumprir esta obrigação foi denominado como o "direito ao esquecimento". É curioso que a expressão "direito ao esquecimento" tenha sido utilizada apenas três vezes, sempre em referência aos pleitos das partes, e nunca como uma terminologia utilizada pelo Tribunal (LUCENA, 2016). Pela própria *ratio* da decisão percebe-se que a preocupação do TJUE é que a estrutura da internet permite potencializar a exposição das informações, principalmente pela atividade desenvolvida pelos provedores de busca, que retorna dados descontextualizados, criando uma "identidade virtual" desatualizada dos indivíduos.

Nesse sentido, uma forma de entender a questão a ser resolvida pode ser formulada a partir da seguinte pergunta:

> e nos capítulos IV e VI para o tratamento de dados pessoais efetuado para fins exclusivamente jornalísticos ou de expressão artística ou literária, apenas na medida em que sejam necessárias para conciliar o direito à vida privada com as normas que regem a liberdade de expressão".

Devem todas as informações sobre cidadãos sempre estarem disponíveis para serem indexadas por empresas privadas, todo o tempo, para todo o sempre e sem qualquer possibilidade de controle, interferência ou remoção em relação às informações que elas mantêm?[31](LUCENA, 2016).

A resposta foi negativa. O Tribunal visou garantir ao cidadão a possibilidade de exercer algum tipo de controle em relação às suas informações pessoais disponibilizadas na internet. Com o intuito de garantir a proteção dos direitos à privacidade e à proteção de dados pessoais dos cidadãos (artigos 7º e 8º da Carta de Direitos Fundamentais da União Europeia), foi justificada a possibilidade de uma pessoa requerer que uma informação associada a ela "deixe de estar à disposição do grande público através da sua inclusão numa lista de resultados", quando estas forem "inexatas", "inadequadas", "não sejam pertinentes ou já não sejam mais pertinentes" ou "sejam excessivas atendendo às finalidades do tratamento em causa realizado pelo provedor de busca". No entanto, em relação às figuras públicas, esta possibilidade não seria legítima, tendo em vista que "a ingerência nos seus direitos fundamentais [torna-se] justificada pelo interesse preponderante do referido público em ter acesso à informação em questão em virtude dessa inclusão".

Concluiu-se, à luz dos artigos 12.º, alínea b), e 14.º, primeiro parágrafo, alínea a), da Diretiva 95/46, que um indivíduo tem o direito de requerer que uma informação relacionada a ele deixe de estar associada à sua pessoa mediante uma pesquisa feita em seu nome em um provedor de busca na internet. Como consequência, a informação indesejada não deve constar no índice de resultado, caso a mesma cause prejuízo ao requerente. O TJUE estabeleceu como regra geral que o direito individual se sobrepõe ao direito coletivo dos usuários da internet, e se sobrepõe ao interesse econômico do provedor, salvo quando os dados envolverem informações relacionadas à pessoa pública. Ao analisarem a referida decisão, Carlos Affonso Souza e Ronaldo Lemos frisam que "resta claro, portanto, que não há que se falar em remoção de conteúdo da rede mundial de computadores,

---

[31] Tradução livre de: "Should all the information about all citizens always be available for whatever kind of indexing by private companies, all the time, forever and without any possibility of control, interference or removal from the search results they run?"

mas tão somente em não exibição nos resultados do provedor de busca" (SOUZA; LEMOS, 2016, p. 126).

O embasamento legal para a garantia do "direito ao esquecimento" (ou, a obrigação de desindexação) da forma como compreendida pelo Tribunal é a proteção dos direitos à vida privada e aos dados pessoais, prevista pelos artigos 7º e 8º da Carta, reproduzidos na Diretiva. A justificativa para responsabilizar os provedores de busca a retirarem informações do seu resultado de pesquisa parte do pressuposto de que (i) estas empresas realizam o tratamento de dados pessoais ao indexarem os resultados em suas chaves de pesquisa, por isso a Diretiva 95/46 deveria ser aplicada ao caso concreto, e (ii) as informações retornadas e indexadas pelos provadores exibem informações que contêm dados pessoais, logo os titulares de tais dados têm o direito de retirar seu consentimento para o contínuo tratamento de suas informações por parte dos provedores de busca da internet.

Como será demonstrado a seguir, o "direito ao esquecimento" na internet, à luz do caso González, e o "direito ao esquecimento", enquanto *droit à l'oubli*, se diferenciam tanto nas consequências no caso concreto, quanto nos fundamentos jurídicos que os justificam. O primeiro se justifica na garantia do direito à privacidade, percebida pela sua atual estrutura do eixo "pessoa-informação-circulação-controle" (RODOTÀ, 2007, p. 62), servindo principalmente como um mecanismo previsto pelas legislações referentes à proteção de dados pessoais para assegurar o "corpo eletrônico"[32] dos indivíduos (RODOTÀ, 2007, p. 13), enquanto o segundo compreende a privacidade a partir do eixo "pessoa-informação-segredo", em sua tradicional proteção do sigilo em relação a terceiros.

Embora seja de difícil definição o conceito de privacidade, no atual contexto digital, este direito ganhou uma perspectiva dinâmica que se relaciona diretamente com as novas tecnologias da informação (RODOTÀ, 2007, p. 61). A tecnologia, e outros fatores capazes de influenciar a mudança do tecido social, vão "definir diretamente o atual contexto no qual a informação pessoal e a privacidade relacionam-se" (DONEDA, 2006, p. 15). Há a necessidade, portanto, de ampliar suas fronteiras. É neste contexto que

---

[32] Ao comentar o artigo 8º da Carta, que trata da proteção dos dados pessoais, o jurista o qualifica como destinado à proteção do corpo eletrônico em comparação com o artigo 3º da referida norma, que garante o "direito à integridade da pessoa", que, segundo Rodotà, estaria protegendo o corpo físico dos cidadãos.

o direito à proteção das informações pessoais torna-se uma "característica permanente do direito à privacidade" (RODOTÀ, 2007, p. 63), havendo uma expansão da definição deste direito, que inclui uma necessidade de "proteção mais ampla e eficaz da circulação dessas informações pessoais" (KONDER, 2013, 373), que se materializa a partir da ideia do direito à autodeterminação informativa.[33] Este direito fundamental visa promover a garantia de uma maior autonomia do indivíduo para que ele exerça maior controle sobre os seus próprios dados.[34]

O direito à privacidade na sociedade da informação pode tomar a forma da proteção de dados pessoais (DONEDA, 2006, p. 24). O seu reconhecimento como um direito fundamental levou à necessidade de sua funcionalização e seu consequente desdobramento, que pode ser observado, por exemplo, na Carta de Direitos Fundamentais da União Europeia (DONEDA, 2006, p. 26), que em seu artigo 7º estabelece o convencional "direito de respeito da vida privada e familiar", e em seguida, no artigo 8º, prevê especificamente o "direito à proteção de dados pessoais". Segundo Danilo Doneda:

> A Carta, desta forma, reconhece a complexidade dos interesses ligados à privacidade e a disciplina em dois momentos (e artigos) distintos, o primeiro destinado a tutelar o momento individualista das intromissões exteriores; e o segundo para a tutela dinâmica dos dados pessoais em suas várias modalidades – sem que seja fragmentada a sua fundamentação, que é a dignidade do ser humano, matéria do capítulo I da Carta que contém os dispositivos mencionados (DONEDA, 2006, p. 26)

---

[33] Esta expressão teve origem no julgamento sobre a constitucionalidade do censo populacional pela Corte Constitucional alemã (*Bundesverfassungsgericht*, 15 dezembro 1983, *Neue Juristische Wochenschrift*, 1983, p. 419).

[34] Rodotà traz uma série de definições para este direito a partir da interpretação de diversos autores: "o direito a controlar a maneira na qual os outros utilizam as informações a nosso respeito" (A. Westin) torna-se igualmente importante. De fato, coletar dados sensíveis e perfis sociais e individuais pode levar à discriminação; logo, a privacidade deve ser vista como "a proteção de escolhas de vida contra qualquer forma de controle público e estigma social" (L. M. Friedman), como a "reivindicação dos limites que protegem o direito de cada indivíduo a não ser simplificado, objetivado, e avaliado fora de contexto" (J. Rosen). Já que os fluxos de informação não contêm somente dados "destinados para fora" – a serem mantidos longe das mãos alheias –, mas também dados "destinados para dentro" – sobre os quais a pessoa talvez queira exercer o "direito de não saber" –, a privacidade deve ser considerada também como "o direito de manter o controle sobre suas próprias informações e de determinar a maneira de construir sua própria esfera particular" (S. Rodotà)" (RODOTÀ, 2007, p. 12)

Esta funcionalização da privacidade deu origem à disciplina de proteção dos dados pessoais, "que compreende pressupostos ontológicos idênticos aos da própria proteção da privacidade: pode-se dizer que é a sua 'continuação por outros meios'" (DONEDA, 2006, p. 27). Embora Stefano Rodotà reconheça que o direito à proteção de dados pessoais seja um direito fundamental autônomo, direcionado ao estabelecimento de "regras sobre os mecanismos de processamento de dados", o jurista indica que a separação deste com o direito à privacidade não é bizantina (RODOTÀ, 2007, p. 13). Por sua vez, Doneda aponta que a perspectiva dinâmica do direito à privacidade exige que seja superada a limitação do seu conceito a partir de uma tutela patrimonialista, devendo ser estabelecidos "novos mecanismos e mesmo institutos para possibilitar a efetiva tutela dos interesses da pessoa" (DONEDA, 2007, p. 27), tal como o direito à proteção dos dados pessoais.

Sob esta perspectiva, o "direito ao esquecimento" na internet, da forma como compreendido no julgamento do caso González, tem como objetivo garantir a privacidade dos indivíduos, de acordo com a concepção acima exposta, que deve ser efetivada através da possibilidade que o indivíduo tem de pleitear a desindexação de determinados *links*, conforme determinado na legislação de proteção de dados pessoais, visando assegurar que os cidadãos possam ter o controle sob os seus dados pessoais.[35]

No entanto, antes de adentrar as raízes históricas do "direito ao esquecimento" enquanto *droit à l'oubli*, o presente trabalho reunirá os principais

---

[35] Na realidade, há diversos argumentos conceituais que definem o "direito ao esquecimento". Ambrose reúne algumas destas perspectivas: "Argumentos conceituais de que o direito deverá ser limitado apenas à minimização inicial dos dados do usuário e destinado apenas para preservar questões relacionadas ao consentimento *online* são apresentados por Ausloos (2012) e Bernal (2001) enfatizando que o direito se destina apenas a oferecer ao usuário um maior controle para as práticas de *big data*. Do outro lado do espectro, Xanthoulis (2012) argumenta que o direito deve ser conceituado como um direito humano, e não um direito de controle, e Andrade (2012) argumenta que o direito se relaciona com a identidade, e não com a privacidade, afirmando que o "direito ao esquecimento" é o "direito de apresentar a imagem pública e a identidade que alguém deseja"". Tradução livre de: "Conceptual arguments that the right should be limited only to user initiated data minimization and meant only to cure the issues with consent online are put forth by Ausloos (2012) and Bernal (2011) emphasizing that the right is only meant to offer more user control in big data practices. On the other end of the spectrum, Xanthoulis (2012) argues that the right should be conceptualized as a human right, not a control right and Andrade (2012) argues that the right should be one of identity, not privacy, stating the right to be forgotten is the "right to convey the public image and identity that one wishes"" (AMBROSE, 2014, p. 802).

pontos críticos apontados sobre o referido julgamento. O intuito é evidenciar as controvérsias que surgiram daquela decisão, para que se tenha uma perspectiva dos desafios que terão de ser enfrentados, tanto em nível nacional quanto internacional. Um olhar crítico deste julgamento é importante, pois muito se tem utilizado este caso como exemplo para propositura de novas leis e de fundamento para decisões judiciais que tratem sobre o "direito ao esquecimento", sem que sejam feitas as corretas ponderações sobre as dificuldades que o caso traz. A partir da leitura de diversos artigos sobre o assunto, foram reunidas abaixo as principais preocupações levantadas sobre o caso González, que não poderão ser ignoradas se o precedente for incorporado e aplicado em diferentes jurisdições.

2.1.1. Vigilância, Privacidade e Neutralidade da Rede

Desde a referida decisão, o Google criou um formulário *online* para que os cidadãos possam requerer a desindexação,[36] organizou e treinou uma equipe interna para avaliar estes requerimentos, além de ter constituído um Comitê Consultivo da empresa para estudar o "direito ao esquecimento" (*Advisory Council to Google on the Right to be Forgotten*),[37] que é formado por diversos especialistas sobre o assunto, e responsável por auxiliar a empresa na construção de critérios a serem aplicados na análise de pedidos que envolvam o "direito ao esquecimento".

Segundo o relatório disponibilizado pelo Google, desde o dia 29.05.2014, a empresa recebeu 729.891 pedidos para remoção de conteúdo, que envolviam a análise de 2.064.278 de URLs,[38] sendo que 56,9% dos pedidos para retirada de URLs foram concedidos, e 43,1% foram negados.[39] Embora a empresa alegue que a maior parte dos requerimentos envolva temas classificados como "crimes sérios", "figura pública", "política" e "proteção contra

---

[36] Formulário do Google sobre pedidos que tratem do "direito ao esquecimento". Disponível em https://www.google.com/webmasters/tools/legal-removal-request?complaint_type=rtbf&visit_id=0-636320982963467833-4264115075&rd=1. Acesso em 03.06.2017.
[37] Um relatório do referido comitê foi publicado em 2015, contendo os referidos critérios, e pode ser acessado no seguinte link https://www.google.com/advisorycouncil/. Acesso em 03.06.2017.
[38] URL é a abreviação para *Uniform Resource Locator*, que indica o endereço virtual de um *site* na internet.
[39] Relatório de Transparência do Google. Disponível em https://www.google.com/transparencyreport/removals/europeprivacy/?hl=en. Acesso em 03.06.2017.

criança", a professora de Cambridge, Julia Powles, em 2015, contestou o relatório de transparência do Google, informando que 95,6% dos pedidos dirigidos à empresa tratavam de informações estritamente privadas de cidadãos que buscam proteger seus dados e sua privacidade (POWLES; TIPPMAN, 2015). A falta de transparência dos critérios utilizados pelo Google tem sido bastante criticada, considerando-se que a empresa está exercendo um papel de inegável interesse público, sem que qualquer tipo de fiscalização externa tenha sido implementada.

Segundo Samantha Ribeiro, diante da obrigação imposta ao Google em verificar se determinado *link* deve ou não aparecer em seu índice de pesquisa, são criados incentivos para que a empresa conceda estes pedidos, principalmente pela previsão de incidência de multa, que pode variar no valor de 0,5 a 2% do faturamento anual das empresas pelo não cumprimento da obrigação, abrindo a porta para práticas abusivas. O TJUE, ao impor que os provedores de busca monitorem conteúdo publicado na internet, tendo o dever de apagar determinados *links* que possuem informações públicas, sem qualquer vício de legalidade, acaba afetando diretamente a neutralidade destas empresas. Isto porque elas terão que se organizar para monitorar o que pode ou não aparecer em suas chaves de pesquisa, filtrando conteúdo sem qualquer tipo de controle ou de revisão dos parâmetros escolhidos (RIBEIRO, 2015, p. 121).

Esta opção "abre a possibilidade de se desenvolver um sistema que impede transparência e cria diferentes classes de informações, permitindo mais vigilância em seu significado mais fundamental, que é ser observado de cima" (RIBEIRO, 2015, p. 122).[40] Cria-se, portanto, uma assimetria no acesso à informação, uma vez que esta fica mais restrita aos usuários da rede, enquanto os dados continuam armazenados nos bancos de dados de empresas privadas, e até mesmo do próprio governo, comprometendo liberdades básicas e a privacidade dos cidadãos[41] (RIBEIRO, 2015, p. 129).

O debate sobre a vigilância exercida pelos provedores de busca, nas hipóteses de desindexação, engatilha questões sobre a ameaça da sua

---

[40] Tradução livre de: "Opens the possibility of developing a system that hinders transparency and creates different classes of information. This allows for more surveillance in its more fundamental meaning of being watched from above".

[41] Viktor-Mayer Schönberger, em seu livro *Delete: the virtue of forgetting*, descreve esta assimetria de poder entre usuários e fornecedores em relação ao acesso a dados, e os prejuízos que isto potencialmente causa aos usuários (MAYER-SCHÖNBERGER, 2009).

neutralidade. Nesse sentido, à luz do arcabouço jurídico da União Europeia, a declaração conjunta da Organização para Segurança e Cooperação na Europa (*Organization for Security and Co-operation in Europe* – OSCE), que possui representantes de organizações que defendem a liberdade de expressão,[42] prevê que o princípio da neutralidade da rede implica que não haja discriminação no tratamento de dados e do tráfego da internet, que sejam fundamentados no conteúdo, no autor, na origem e/ou no destino do conteúdo, serviço ou aplicação (artigo 5º, alínea a). Além disso, a exigência destinada aos intermediários da internet para que eles sejam transparentes em relação ao tráfego e gerenciamento de informação utilizadas por eles (artigo 5º, alínea b da referida regulação), e diante do procedimento adotado pelo Google para este processo, também constitui uma ameaça ao princípio da neutralidade.[43]

Se hoje a vigilância é fluída, em um mundo pós-pan-óptico,[44] a ausência de transparência no *modus operandi* de remoção de conteúdo realizada pelo Google, uma empresa privada, com interesses privados, traz certa opacidade a este processo, uma vez que resta claro que a regra imposta pelo TJUE cria um incentivo econômico à retirada de conteúdo (POWLES, 2015, p. 606). No mais, embora a professora de Cambridge apresente boas razões para que o Google tenha a competência para realizar a remoção de *links* de seu índice de pesquisa (considerando que assim já é feito com a violação de direito autorais, pelo procedimento de *notice-and-takedown*), a mesma indica que a discussão sobre vigilância e *accountability* é elemento-chave para manter a perspectiva do que ocorrerá no futuro. Para tanto, Powles aponta que a necessidade de maior transparência ao longo do pro-

---

[42] ORGANIZATION FOR SECURITY AND CO-OPERATION IN EUROPE (OSCE). Declaração assinada pelo Relator Especial da União Europeia sobre Liberdade de Opinião e Expressão representantes na Liberdade da Mídia, Relator da Organização dos Estados Americanos Especial sobre Liberdade de Expressão, e Relator Especial da Comissão Africana sobre o Direitos e Humanos e Pessoas (*African Commission on Human and Peoples' Rights* -- ACHPR) sobre Liberdade de Expressão e Informação, em junho de 2011. Disponível em http://www.osce.org/fom/78309. Acesso em 03.06.2017.

[43] O princípio da neutralidade da rede, à luz do Marco Civil da Internet, difere deste conceito europeu, conforme exposto, mais adiante, na nota de rodapé nº 122. Por isso, não poderia alegar-se que a desindexação violaria tal princípio no Brasil, de acordo com a legislação nacional.

[44] É a ideia de que "nas atuais relações de poder os que controlam suas alavancas "têm a possibilidade de, a qualquer momento, fugir para algum lugar inalcançável – para a pura e simples inacessibilidade" (apud, BAUMAN, 2014, p. 13)

cesso, além da implementação de uma fiscalização externa, exercendo uma espécie de freios e contrapesos da atividade das empresas, seria boa prática a ser observada (POWLES, 2015, p. 606).

A delegação a uma empresa privada de um papel judiciante – decidir se informações que foram legalmente publicadas devem ou não ser disponibilizadas em suas chaves de pesquisa – acaba por acentuar outras questões relacionadas à sociedade de informação. Pois, se o intuito é proteger a privacidade e os dados pessoais dos cidadãos, há certa contradição na regra imposta, quando as mesmas empresas que garantirão estes direitos acabarão tendo mais acesso à informação do que o restante dos usuários, exercendo maior vigilância (e curadoria) do conteúdo que circula na rede, acabando, a reboque, por violar o princípio da neutralidade da internet. Como decorrência deste papel exercido pelos provedores de busca, surgem outras problemáticas.

2.1.2. Os Tribunais Corporativos e a Irrazoabilidade do Procedimento

Embora o TJUE tenha determinado a possibilidade de que o indivíduo possa submeter a controvérsia sobre a proteção de dados pessoais perante a autoridade competente ou ao judiciário, caso o provedor de busca negue o pedido de desindexação, fato é que o procedimento estabelecido afasta a competência de ambos. Ao possibilitar que, *prima facie*, aquela empresa inicialmente receba o pedido, tem-se o "surgimento de uma "justiça privada", com interesses corporativos próprios" (SOUZA; LEMOS, 2016, p. 126).

O Instituto de Tecnologia e Sociedade do Rio de Janeiro (ITS), na qualidade de *amicus curiae* no julgamento do recurso extraordinário nº 1.010.606 (do caso Aída Curi), sobre o "direito ao esquecimento", apresentou esta preocupação. Segundo aponta em sua manifestação, a atribuição de responsabilidade a uma empresa privada como o Google para julgar se um conteúdo deve ou não ser restrito ao acesso do público acaba por criar tribunais corporativos, "nos quais empresas são responsáveis diretamente por ponderar direitos fundamentais e analisar se o conteúdo questionado gera ou não dano a alguma pessoa física, o que prejudica tanto a tutela das liberdades fundamentais, quanto a segurança jurídica" (ITS, 2017a, p. 34).

A responsabilidade de desindexação pelo sistema de *notice and take-down* também suscita questionamentos sobre o devido processo legal, uma vez que os responsáveis pela publicação do conteúdo não terão a oportunidade de se manifestar sobre o pedido de remoção (CUNHA E MELO, 2016). Diante dos parâmetros ambíguos do TJUE, seus termos incertos e critérios amplos, criou-se uma liberdade aos provedores de busca para que interpretassem a decisão da forma mais adequada aos seus próprios interesses. Por isso, a forma pela qual o Google implementou o julgamento também reforça a violação do princípio do devido processo legal, pois a empresa optou por notificar os editores de conteúdo originais do *link* após a implementação da desindexação, e apenas quando aqueles se valessem do serviço de ferramentas *webmaster* do Google (POWLES, 2015, p. 597), não dando qualquer oportunidade para que os mesmos pudessem exercer o contraditório.

Como já mencionado, a possibilidade de incidência da multa acaba criando poucos incentivos para que os provedores de busca deixem de desindexar determinadas informações, dando, portanto, pouco peso aos direitos dos usuários da rede, em relação ao pedido de um único indivíduo. Apesar de o Google ter se estruturado para adimplir com a obrigação imposta pelo TJUE, disponibilizando um formulário para a realização dos pedidos de desindexação, além de constituir uma equipe que analisa individualmente os pedidos, fato é que empresas privadas são motivadas por razões outras que não os balizamentos legais que magistrados estão adstritos a observar.

Considerando o número de pedidos recebidos pelo Google para a retirada de conteúdo de sua chave de pesquisa, imaginar que os Tribunais ou as próprias Autoridades de Proteção de Dados Pessoais seriam capazes de analisar todos estes requerimentos em tempo hábil parece pouco razoável. Possivelmente, o TJUE optou pela via mais curta, uma vez que a responsabilização do agente intermediário é sempre mais fácil de alcançar (RIBEIRO, 2015, p. 120). No entanto, tal solução tem jogado luz a uma série de consequências que afetam garantias e direitos fundamentais dos usuários e da rede em si.

2.1.3. A Extraterritorialidade da Decisão do TJUE e a Decisão da CNIL

O Tribunal se manteve em silêncio quanto à abrangência geográfica da implementação da desindexação, embora o *Article 29 Data Protection*

Working Party (WP29)[45] tenha recomendado expressamente que, para que a decisão tivesse efetividade, a desindexação devesse ocorrer em todos os domínios relevantes, incluindo o ".com" (ARTICLE 29, 2014, p. 9). Isto significa dizer que a implementação de uma decisão proferida pelo Tribunal de Justiça da União Europeia, que tem sua jurisdição limitada à soberania dos países que compõem o referido bloco político/econômico, pode se estender para além daquele território, violando o princípio da soberania e interferindo na atividade jurisdicional de outros países.

O impacto da decisão do TJUE foi tamanho que, em 10.03.2016, na França, a CNIL (*Comission Nationale de l'Informatique et des Libertés*), autoridade francesa responsável pela proteção de dados pessoais, por meio da decisão nº 2016-054, impôs uma multa no valor de €100.000,00 (cem mil euros) ao Google, sob a alegação de que a empresa não estaria aplicando de maneira correta o resultado do julgamento do caso González. Segundo a CNIL, o provedor de aplicação não havia cumprido uma determinação para desindexar de todos os seus resultados de pesquisa, para além do domínio do país de origem do pedido. A empresa até propôs que fossem filtrados resultados de acordo com a localização geográfica do usuário. Contudo, a CNIL entendeu que tal medida seria insuficiente, uma vez que existem mecanismos que podem facilmente burlar esta implementação tecnológica (CNIL, 2017).

Diante da decisão da CNIL, 17 organizações não governamentais protocolaram uma manifestação, na qualidade de *amicus curiae*, perante a superior instância administrativa francesa, Conselho de Estado, apresentando considerações importantes sobre o direito à liberdade de expressão (ITS, 2017c). As ONGs defendem este direito enquanto princípio fundamental para o exercício da democracia, destacando a importância de se garantir o mesmo na rede, defendendo os benefícios da internet: (i) "em permitir o acesso à informação, ao debate e ao conhecimento, que não é prontamente acessível nestas regiões por meio da mídia tradicional", e (ii) "a melhora na

---

[45] O *Working Party* 29 era um órgão consultivo criado pela antiga Diretiva 95/46, que era composto por representantes de cada Estado Membro da União Europeia, e responsável por dar suporte técnico, recomendações sobre a referida Diretiva e emitir opiniões sobre práticas que pudessem afetar o direito à proteção de dados pessoais de cidadãos europeus. Com a entrada em vigor do GDPR, em 25 de maio de 2018, o referido grupo de trabalho foi substituído pelo *European Data Protection Board* (EDPB).

vida dos indivíduos em Estados em desenvolvimento que os interventores trabalham, e que não pode ser subestimada"[46].

O primeiro item ganha especial relevância quando se está diante de governos autoritários. Isto porque a internet possibilita não apenas o acesso às informações disponibilizadas pelos órgãos oficiais e pela mídia *mainstream*, mas permite a circulação de uma pluralidade de informações oriundas de organizações midiáticas e jornalistas locais independentes. Um exemplo não tão distante da importância de se garantir a liberdade de expressão na rede foi o protesto popular no Egito, na Praça Tahir, em que o governo suspendeu a internet do país para evitar a organização dos manifestantes, que se comunicavam pelo Facebook e pelo Twitter. O engajamento social e político que a internet permite, além de possibilitar o exercício do direito à reunião, como no caso egípcio, não pode ser ignorado.

Outro argumento contrário à aplicação do "direito ao esquecimento" é que o mesmo constituiria uma restrição indevida à liberdade de expressão e ao acesso à informação, principalmente pelos critérios subjetivos impostos pelo Tribunal, mas também porque não satisfaz a legislação de direitos humanos,[47] que estabelece o teste de proporcionalidade estrita para restrição daqueles direitos (ITS, 2017c, p. 14). Como organizado pelas ONGs, os critérios determinam que a limitação deverá: (a) "estar de acordo com a lei; (b) proteger um interesse legítimo, em razão dos interesses da segurança nacional, integridade territorial e segurança pública, para a prevenção da desordem ou do crime, para a proteção da saúde ou da moral, para a proteção da reputação ou direito de outros, para prevenir a exposição de informação recebida confidencialmente, ou para manter a autoridade e a imparcialidade do judiciário, e (c) ser necessária e proporcional em uma sociedade democrática".[48]

---

[46] Tradução livre de "(a) in enabling access to information, debate and knowledge which is not readily accessible in these regions through traditional media; and (b) in the improvement of the lives of individuals in the developing states in which the interveners work, cannot be underestimated".

[47] Artigo 19 (3) da Convenção Internacional de Direitos Civis e Políticos; Artigo 10 (2) da Convenção Europeia de Direitos Humanos, e Artigo 13 (2) da Convenção Americana de Direitos Humanos.

[48] Tradução livre de: "(a) the limitation is in accordance with law, (b) the limitation protects a legitimate interest, namely in the interests of national security, territorial integrity or public safety, for the prevention of disorder or crime, for the protection of health or morals, for the protection of the reputation or rights of others, for preventing the disclosure of information

Segundo as ONGs, a decisão da CNIL não cumpriria os requisitos do teste de proporcionalidade estrita, pois: (a) a ordem determina que o Google altere o conteúdo disponibilizado na internet, inclusive em estados em desenvolvimento, principalmente considerando que esta empresa, e outros provedores de busca, são os principais mecanismos de acesso à informação; (b) a ordem de extensão geográfica é extremamente ampla, sem qualquer princípio limitador, indo além do necessário para proteger os direitos individuais; e (c) os estados em desenvolvimento não foram devidamente considerados pelo CNIL. Diante da importância do acesso à informação, principalmente nestes países, deveria ter sido atribuída maior importância à manutenção de conteúdos que estejam inteiramente disponíveis na internet (ITS, 2017c).

Ainda, à época da decisão do TJUE, não havia qualquer menção na Diretiva de Proteção de Dados Pessoais prevendo expressamente um "direito ao esquecimento", e, especificamente, a obrigatoriedade dos provedores de busca em desindexarem informações que violassem o direito à proteção de dados pessoais e à privacidade dos cidadãos. Com a implementação da desindexação pelo Google, não se sabe se há ou não uma limitação indevida à liberdade de expressão, pois, como já ressaltado, não há transparência quanto aos tipos de pedidos que são feitos, e os fundamentos para conceder ou não o pedido.

Além das consequências manifestadas pelas ONGs, cabe destacar que a pretensão do CNIL sequer considerou as consequências extraterritoriais da sua decisão. O mesmo extrapolou sua competência para outras jurisdições, não considerou se a desindexação seria compatível com o ordenamento jurídico de outras soberanias, e aplicou, indevidamente, a legislação da União Europeia sobre proteção de dados pessoais a países que não estariam vinculados à mesma.

Alinhado com esta preocupação, o ITS destacou que a possibilidade de retirada de *links* de outros domínios "abre espaço para que países que oferecem um regime de liberdade de expressão contestado em várias frentes possam fazer com que certo conteúdo seja eliminado não apenas de suas fronteiras físicas, mas sim de todo o mundo" (ITS, 2017b). O que o referido Instituto chama atenção é à possibilidade de que a liberdade de expressão

---

received in confidence, or for maintaining the authority and impartiality of the judiciary, and (c) the limitation is necessary and proportionate in a democratic society".

seja igualada "pelo seu nível mais baixo de proteção", principalmente em casos que envolvam pedidos de desindexação em países autoritários.

Ao que parece, o TJUE e o CNIL não demonstraram qualquer preocupação quantos aos "impactos expansivos da sua decisão" (ACUNHA, 2016, p. 769). Neste sentido, Fernando José Gonçalvez Acunha, ao discutir a transnacionalização do Direito, a hiperintegração da sociedade mundial, e as exigências democrático-políticas do Direito, diante dos novos e complexos conflitos de direitos fundamentais, evidencia a ausência de qualquer debate por parte do TJUE sobre o aspecto democrático da sua decisão, em especial, sobre a completa ausência de legitimidade da sua estrutura perante cidadãos não europeus.

A preocupação do professor é justamente a "potencial hiperexpansão" de ordenamentos. No caso do TJUE, a Corte não teceu qualquer comentário sobre a sua legitimação democrática para além da comunidade europeia. A questão torna-se ainda mais controversa se considerarmos o fato de o "direito ao esquecimento" não ter sido admitido em diversas outras legislações e tribunais nacionais. Diante da estrutura da internet, a obrigação imposta aos provedores de busca repercutiu globalmente de maneira não apenas drástica, mas também pouco legítima.

Merece ser destacado, também, o debate sobre a competência do Tribunal de Justiça da União Europeia em aplicar a Diretiva 96/45 à empresa Google Inc. (sediada nos Estados Unidos da América, na Califórnia)[49], em que Niilo Jääskinen, Advogado Geral do TJUE, aponta a diferença entre as atividades exercidas por estas empresas.[50] A possibilidade de que um

---

[49] Como resumido pelo Advogado Geral, Niilo Jääskinen, "A Google Inc. é uma sociedade com sede na Califórnia com filiais em diversos Estados Membros da UE. As suas operações europeias são, em certa medida, coordenadas pela filial irlandesa. Atualmente possui centros de dados pelo menos na Bélgica e na Finlândia. A informação sobre a localização geográfica exata das funções relacionadas com o seu motor de pesquisa não é divulgada. A Google alega que, em Espanha, não há tratamento de dados pessoais relacionado com o seu motor de pesquisa. A Google Spain atua como representante comercial da Google para as suas funções publicitárias. Nessa qualidade, assume a responsabilidade pelo tratamento de dados pessoais relativos aos seus clientes anunciantes espanhóis. A Google nega que o seu motor de pesquisa execute quaisquer operações nos servidores de armazenagem das páginas fonte, ou que recolha informação por meios de cookies de utilizadores não registados do seu motor de pesquisa" (par. 62).

[50] Sobre o assunto, merece ser destacado o seguinte trecho do parecer de Niilo Jääskinen "Por este motivo, proponho que o Tribunal responda ao primeiro grupo de questões prejudiciais

cidadão espanhol possa requerer à Autoridade de Dados Pessoais de um Estado Membro, que uma empresa que possui sua sede nos EUA cumpra uma obrigação de desindexação baseada na legislação da União Europeia, acaba incentivando práticas como o *law shopping* e o *forum shopping*.[51]

Ainda, aqueles que defendem um bloqueio global de conteúdo, baseado na legislação europeia, não poderão se opor quando Estados não democráticos assim também fizerem (SVANTESSON, 2015, p. 14). Esta possibilidade, mais uma vez, tem a capacidade de distorcer a internet enquanto fonte comum de acesso à informação, sendo importante indagar o que restará de informação *online* se qualquer conteúdo (legal ou ilegal) poderá ser removido globalmente (SVANTESSON, 2015, p. 14). No entanto, ainda que se reconheçam estas controvérsias, Svantesson faz uma defesa de uma desindexação global, sugerindo critérios, de acordo com o conteúdo envolvido, para quando aquela deva ocorrer globalmente, e quando a remoção deva ser implementada apenas localmente,[52] sustentando, para tanto, que se faça uma análise casuística de cada pedido.

---

no sentido de que o tratamento de dados pessoais é efetuado no contexto das atividades de um «estabelecimento» do responsável pelo tratamento na aceção do artigo 4.º, n.º 1, alínea a), da diretiva quando a empresa que explora o motor de pesquisa na Internet abre, num Estado Membro, com vista à promoção e venda dos espaços publicitários desse motor de pesquisa, uma sucursal ou uma filial cuja atividade se dirige aos habitantes desse Estado" (par. 68).

[51] Elena Perotti, ao analisar a decisão do caso González, discorre sobre as diversas teorias sobre jurisdição no Direito Internacional, e aponta para a aplicação da *effects theory* e *passive personality principle* pelo TJUE no caso González. Segundo a autora indica, isto significa que um Estado possui jurisdição sobre determinada controvérsia, mesmo quando a ofensa em questão for cometida fora do seu território, afetando seus cidadãos (PEROTTI, 2015, p. 33). Um dos riscos na escolha destas teorias é a possibilidade de que ocorra um *law shopping*, em que a legislação europeia sobre proteção de dados pessoais pode ser aplicada em relações jurídicas que envolvam cidadãos não europeus, ou mesmo quando seus dados não pertençam a este (PEROTTI, 2015, p. 34), ou um *forum shopping*, em que indivíduos que não possuem qualquer ligação com a União Europeia (por exemplo, um cidadão chinês), a não ser pelo fato de que se utilizam de serviços disponibilizados nos Estados Membros, possam requerer a desindexação de determinado *link*, fundamentando seu pedido na legislação da União Europeia, perante um empresa sediada nos EUA (KUNER, 2014, p. 11-12).

[52] Svantesson traz critérios que ele denomina como o "Código Modelo para Determinar a Abrangência Geográfica da Desindexação sob o Direito ao Esquecimento" (*Model Code Determining the Geographical Scope of Delisting Under the Right To Be Forgotten*) (SVANTESSON, 2015, p. 15-16). Esta defesa também é feita por Julia Powles em seu artigo publicado na revista Slate (POWLES, 2015).

Percebe-se que a questão da extraterritorialidade da decisão do caso González levanta uma série de questionamentos, que envolvem não apenas controvérsias de direito internacional, mas de outros direitos fundamentais. Neste sentido, no próximo item serão apresentadas mais algumas considerações em relação aos direitos à liberdade de expressão e de acesso à informação, iniciadas neste tópico, que restaram prejudicados pelo TJUE.

2.1.4. Legitimação da Censura Privada?

Uma das maiores críticas feitas à decisão do TJUE é o fato de a mesma ter atribuído pouco peso à liberdade de expressão e ao acesso à informação. O TJUE, ao estabelecer o procedimento de *notice and takedown*, acabou deslocando a discussão para questões relacionadas ao consumidor e ao fornecedor de serviços, e não a questões envolvendo o indivíduo e o responsável pela publicação que se deseja retirar (CUNHA E MELO, 2016). É dada pouca margem – ou menos do que se deveria – para discutir o que realmente está no centro do debate: a possibilidade de se remover das chaves de pesquisa *links* que contenham informações que possam ter interesse público, sobre fatos verídicos e obtidos por meios lícitos.

A aplicação das disposições previstas nas regulações sobre o direito à proteção de dados pessoais para resolver controvérsias relacionadas à publicação de conteúdo *online* pode não ser adequada, já que os tribunais tradicionalmente resolvem demandas como estas a partir da aplicação de outras leis e institutos, como as leis de *torts*, lei da imprensa, ou até mesmo aplicando-se outros direitos fundamentais, onde há maior sensibilidade à liberdade de expressão (HOBOKEN, 2013, p. 29).

Além da impossibilidade de acessar o fundamento dos provedores de busca para conceder ou não o pedido de desindexação, há um prejuízo da liberdade de expressão pela impossibilidade daquele que realizou a publicação contestar o pedido, exigindo pouco ônus argumentativo do requerente. O "direito ao esquecimento" seria um atalho para evitar a tradicional ponderação no caso concreto, entre o direito à liberdade de expressão e do acesso à informação e os direitos da personalidade, que é feita quando uma publicação jornalística é capaz de causar danos a alguém. O procedimento estabelecido, como destacou o Advogado Geral do TJUE, Niilo Jääskinen, poderia conduzir "à remoção automática de hiperligações a quaisquer conteúdos contestados ou a um número incontrolável de pedidos recebidos pelos prestadores do serviço de motor de pesquisa na Internet". Inclusive, suas conclusões foram diametralmente opostas às alcançadas pelo Tribunal. Em especial, na parte que trata do pedido sobre o "direito ao esquecimento", o Advogado Geral faz uma defesa importante das liberdades de expressão e de informação dos editores das páginas *web* e dos usuários da internet. Para ele, a desindexação significaria uma censura privada, mas aponta que esta responsabilidade poderia existir, como defendido pelo trabalho realizado pelo *"Article* 29 WP", em seu parecer 4/2007 sobre o conceito de dados pessoais, quando os provedores de busca não bloquearem o acesso a conteúdo ilegal, "tais como páginas *web* que violem direitos de propriedade intelectual ou exibam informação difamatória ou criminosa".

Embora o fundamento da responsabilização e da possibilidade de requerer a desindexação tenha se dado, prioritariamente, pela legislação de proteção de dados pessoais, pode-se afirmar que a intenção do Tribunal era garantir a privacidade do cidadão espanhol, visto que também fundamentou a decisão no artigo 7º da Carta de Direitos Fundamentais da União Europeia, que protege a vida privada e familiar. Sob esta perspectiva, o caso González parece apresentar características das clássicas demandas que envolvem conflitos entre os direitos à privacidade e a liberdade de expressão. Por isso, a delegação a "outro órgão diferente do Poder Judiciário [para que se] faça a ponderação entre os direitos fundamentais representa uma restrição ampla e genérica às liberdades constitucionalmente previstas" (SOUZA; LEMOS, 2016, p. 126).

Um dos riscos que o "direito ao esquecimento" oferece é a desconfiança das informações que são disponibilizadas na internet. O caso da morte do ator alemão Walter Sedlmayr, por exemplo, representa bem este problema. Na década de 90, Sedlmayr foi assassinado, e seus dois assistentes foram processados e condenados pelo crime. Passados 10 anos, foi requerido à Wikipedia alemã que o nome de um dos condenados fosse retirado da página que continha informações do ator. O mesmo pedido foi dirigido à Wikipedia Foundation, organização americana que administra a Wikipedia, para que também retirasse a informação da versão em inglês do artigo. Enquanto a enciclopédia *online* alemã cumpriu com a obrigação, a americana se absteve de suprimir a informação, diante da liberal perspectiva da liberdade de expressão defendida nos EUA (GRANICK, 2009).

Conquanto se reconheça a existência de diversas fontes de informações na internet, e o fato de a Wikipedia ser uma enciclopédia colaborativa, com diferentes informações em cada versão de seus artigos, a transferência deste mesmo problema é de fácil visualização no caso de uma simples pesquisa realizada pelo provedor de busca na internet, feita pela mesma máquina de computador ou dispositivo móvel. A não convergência de dados sobre uma pesquisa realizada com a mesma palavra-chave afeta a ideia de uma internet universal, pois cria conteúdos e regimes de responsabilidade diferentes para cada país, impondo uma fragmentação da rede (MIJATOVI, 2014).

Outra consequência sobre pedidos que envolvem o "direito ao esquecimento" é o efeito *Streisand*, que ocorre quando determinada informação ganha maior publicidade "em razão – e inclusive como resultado – da tentativa de tentar escondê-la ou censurá-la" (FELLNER, 2014, p. 16). [53] Ou seja, o pedido de remoção, que pretende garantir a privacidade, acaba direcionando mais atenção ao conteúdo que se deseja suprimir.

Este termo se originou em um episódio envolvendo a atriz e cantora Barbra Streisand, em 2009, quando a mesma processou o fotógrafo Kenneth Adelman alegando que o mesmo teria violado a sua privacidade, pela publicação em seu *site* de registros de um estudo da formação rochosa da costa da Califórnia, onde era possível identificar nas fotos a residência de Streisand (PARKINSON, 2014). Com a propositura da demanda, ocorreu o inverso do que pretendia a cantora: houve um aumento de visualizações do *site*, atraindo 420 mil visitas por mês, enquanto anteriormente ao ajuizamento da ação, as imagens que continham a casa da cantora haviam sido baixadas na internet apenas seis vezes.

Neste mesmo sentido, como reação à decisão do TJUE, alguns jornais ingleses desafiaram a determinação do Tribunal, e começaram a publicar novos artigos narrando os fatos e indicando os *links* de notícias que teriam sido objeto de pedidos de desindexação.[54] Em resposta a esta atitude, diante da reclamação apresentada por um indivíduo que havia tido uma notícia sobre ele desindexada pelo Google, a Autoridade de Proteção de Dados Pessoais do Reino Unido, por meio do seu Comitê de Informação, requereu que o Google Inc. removesse de seu índice de resultado nove URLs que indicavam as novas matérias jornalísticas publicadas que faziam referência aos antigos artigos que haviam sido removidos das chaves de pesquisa do

---

[53] Tradução livre de: "(...) despite – and even as a result of – attempts to hide or censor it".
[54] BALLS, 2014 e POWELL, 2014.

Google.[55] Considerando o sigilo do procedimento, não é possível verificar, até o momento, a resposta daquela empresa e a decisão final da respectiva autoridade.

Neste cenário, parece que a desindexação fundamentada na Diretiva 95/46/EC está sendo resolvida em um contexto de "estado de anarquia", existindo um genuíno campo de batalha, onde estão no centro do embate os provedores de busca de internet e as Autoridades de Dados Pessoais, em uma luta que parece não ter fim tão cedo (PEROTTI, 2015, p. 37).

Na referida audiência pública sobre o "direito ao esquecimento" no STF, a maior parte dos participantes criticou o direito e, dentre muitos argumentos, foi ressaltada com preocupação a possibilidade de se exercer uma censura de informações que seriam verídicas, e legalmente publicadas, por caminhos alternativos. O Diretor do Instituto de Tecnologia e Sociedade do Rio de Janeiro (ITS Rio), Carlos Affonso Souza, apresentou um trecho do Relatório sobre Projetos de Lei que instituem o chamado "direito ao esquecimento", do Conselho de Comunicação Social, que indicava que:

> a melhor reação a um discurso ou relato considerado problemático é a resposta a ele na esfera pública. Em vez de supressão ou tolhimento, mais discursos, mais versões, mais contraditório. Essa é a praxe saudável de uma sociedade que se governa sob um Estado Democrático de Direito (ITS, 2017b).

A possibilidade de que determinadas informações sejam desindexadas permite que o desejo de um único indivíduo sobressaia sobre o interesse da coletividade como um todo. É inegável o risco para a memória coletiva e para a história,[56] afetando o acesso à informação e a própria democracia, pois, considerando que atualmente a rede é a principal fonte de informação

---

[55] DATA PROTECTION ACT 1998. **Supervisory Powers of the Information Commissioner.** Enforcement Notice: 18.08.2015. Disponível em <https://ico.org.uk/media/action-weve-taken/enforcement-notices/1560072/google-inc-enforcement-notice-102015.pdf> Acesso em 27.06.2017.

[56] Nos casos Aída Curi e Chacina da Candelária (REsp ns. 1.335.153 e 1.334.097, respectivamente), o professor de Direito Constitucional da UERJ, Daniel Sarmento, apresentou um parecer criticando fortemente a incorporação do "direito ao esquecimento" no ordenamento jurídico brasileiro, defendendo que o mesmo restringiria o direito de acesso à informação de interesse público, às liberdades de expressão e de imprensa, a responsabilização civil de veículos de imprensa, e, consequentemente, isto afetaria os direitos à história, à memória e às liberdades comunicativas. O parecer está disponível em <http://www.migalhas.com.br/

da população,[57] as premissas para se iniciar um debate podem ser afetadas pela ausência de relatos e de informações importantes. A desindexação permite que sempre haja uma "hegemonia presumida" da privacidade, de maneira genérica, como destacado pelo advogado da Google, Marcel Leonardi, na referida audiência pública (GALLI, 2017).

No mais, uma possível alternativa à desindexação seria a obrigação de que os provedores de busca disponibilizassem em sua página de resultado de pesquisa um asterisco com um hiperlink, direcionando os usuários para uma página onde as versões das histórias pudessem ser esclarecidas (PASQUALE, 2007). Esta espécie de direito de resposta evitaria a descontextualização das informações retornadas, e uma restrição indevida à liberdade de expressão e ao acesso à informação, aumentando a transparência dos tipos de pedidos direcionados aos provedores de busca.

2.1.5. Considerações Finais Sobre as Críticas ao Caso González

Não se nega a importância de se garantir que os indivíduos tenham maior controle sobre seus dados pessoais no contexto da sociedade da informação, além de se reconhecer os malefícios de eternizar a disponibilidade de notícias relacionadas a atos praticados no passado. Entretanto, a forma com que o TJUE buscou promover esta proteção parece ter deixado mais indefinições do que certezas sobre o tema. Restou clara que a preocupação do Tribunal era a facilidade de acesso a informações consideradas desatualizadas, tendo sido vetada a possibilidade de remoção do conteúdo original.

A via mais fácil de responsabilizar os provedores de pesquisa de internet para controlar a difusão de informação na rede acabou tornando o caminho mais tortuoso. Os diversos questionamentos e as controvérsias que surgiram a partir desta decisão indicam a completa ausência de pacificação dos conflitos, havendo, ainda, uma ameaça real quanto ao funcionamento da internet como uma rede não fragmentada. Neste cenário, resta seguir a recomendação de Julia Powles: transparência, *accountability* e fiscalização parecem ser as principais chaves para destrinchar os problemas já colocados, e os que ainda irão surgir.

Quentes/17,MI215589,71043-Professor+analisa+constitucionalidade+da+invocacao+do+direito+ao>. Acesso em 13.07.2017.
[57] Ver nota de rodapé n. 2.

Feitas as considerações sobre o julgamento do caso González, resta analisar, ainda, a origem do conceito de um "direito ao esquecimento". Como evidencia Dr. Joris van Hoboken, o conceito deste direito não é algo novo; ele "já foi explorado em vários contextos legais específicos e sob diferentes qualificações, como o direito a ter uma informação apagada, o (1) *right to oblivion* e (2) o esquecimento social" (HOBOKEN, 2013, p. 2)[58]. O item seguinte tem o intuito de destacar as diferenças de fundamento e de contexto do *droit à l'oubli* em relação à compreensão do "direito ao esquecimento" aplicado à internet.

2.2. A Origem da Ideia de Esquecimento: o *Droit à l'oubli*

O *droit à l'oubli* (*right to oblivion*) pode ser considerado como um "direito mais antigo, remetendo sua origem à legislação e jurisprudência francesa e italiana do final dos anos de 1970", e "historicamente tem sido aplicado em casos excepcionais envolvendo indivíduos que foram condenados penalmente e não desejam mais serem associados à sua conduta criminal"[59] (BERNAL, 2011). Seria, portanto, o direito que o indivíduo tem de se prevenir que terceiros possam divulgar fatos que estejam associados a um passado que possui episódios delituosos. Assim, o seu direito à privacidade deve ser ponderado com o direito da sociedade de ter acesso a esta informação, que poderá ou não ser considerada *newsworthy* (FELLNER, 2014, p. 3). A ideia associada ao esquecimento no âmbito criminal é de que os indivíduos deveriam ter uma segunda chance, e aponta para a capacidade dos seres humanos de mudarem (FELLNER, 2014, p. 03).

O *droit à l'oubli* não se limita, apenas, à seara criminal, uma vez que há casos em que tal direito é invocado, fundado no direito à privacidade e nos direitos da personalidade, "envolvendo pessoas que temporariamente ganharam o interesse público, não conseguindo desviar de si a atenção indesejada, passado algum tempo" (GRAUX; AUSLOOS; VALCKE, 2012,

---

[58] Tradução livre de: "various specific legal contexts and under different qualifications, such as the right to have information deleted 1, the right to oblivion, 2 and social forgetfulness"

[59] Tradução livre de: "has historically been applied in exceptional cases involving an individual who has served a criminal sentence and wishes to no longer be associated with the criminal actions".

p. 4).⁶⁰ Neste contexto, aquele direito estaria "fundado na ideia de proteção contra danos causados à dignidade, aos direitos da personalidade, à reputação e à identidade", e, por sua natureza, "possui potencial em colidir com outros direitos fundamentais" (AMBROSE; AUSLOOS, 2013, p. 14),⁶¹ como o direito à liberdade de expressão e de acesso à informação. Seu objetivo, portanto, é limitar que informações consideradas privadas sejam difundidas e expostas, pois o interesse público não justificaria esta divulgação (GRAUX; AUSLOOS; VALCKE, 2012, p. 4). Segundo Mantelero:

> Este conceito do direito ao esquecimento é baseado na necessidade fundamental de um indivíduo em determinar o desenvolvimento da sua vida de maneira autônoma, sem ser perpetuamente ou periodicamente estigmatizado por uma ação específica ocorrida no passado, especialmente quando esses eventos ocorreram há muitos anos atrás e não tem qualquer relação com o contexto contemporâneo. O *droit à l'oubli* satisfaz uma necessidade humana específica e isso tem facilitado a difusão do conceito e a proteção do referido direito em diferentes contextos" (MANTELERO, 2013, p. 230).⁶²

Assim, considerando que o termo *droit à l'oubli* surgiu da jurisprudência, se faz necessário analisar casos que são considerados como representativos do que constitui este direito. Serão expostos, a seguir, casos julgados na França, nos Estados Unidos da América e na Alemanha que cuidam de típicos exemplos do *droit à l'oubli*. Tais julgamentos envolvem uma controvérsia acerca da temporalidade da publicação de eventos ocorridos no passado, originando um tradicional conflito entre os direitos da personalidade, em especial, à privacidade, e à liberdade de expressão.

---

[60] Tradução livre de: "(...) persons who had temporarily entered the public limelight, and found themselves unable to shake off the unwanted attention when, after a given amount of time, it was no longer desired or warranted".

[61] Tradução livre de: "Oblivion is founded upon protections against harm to dignity, personality, reputation, and identity but has the potential to collide with other fundamental rights".

[62] Tradução livre de: "This concept of the right to be forgotten is based on the fundamental need of an individual to determine the development of his life in an autonomous way, without being perpetually or periodically stigmatized as a consequence of a specific action performed in the past, especially when these events occurred many years ago and do not have any relationship with the contemporary context. The droit à l'oubli satisfies a specific need of human beings and this has facilitated the diffusion of the concept and the protection of the related right in different legal contexts"

2.2.1. O "Direito ao Esquecimento" na França

Pode-se remeter à França a primeira menção ao *droit à l'oubli*, feita pelo Professor Gerard Lyon-Caen em seus comentários à decisão do caso *DelleSegret vs. Soc Rome Film* (1967), conhecido como o *affaire* Landru, julgado pela Corte de Apelação de Paris (*Courd'appel*) (SARMENTO, 2015, p. 36).[63] Não apenas teria sido a primeira vez que a expressão "direito ao esquecimento" fora utilizada na França, mas, segundo Denise Pinheiro, pode-se arriscar que este seria o momento de sua origem (PINHEIRO, 2016, p. 135).

O caso tratou de uma ação indenizatória proposta pela ex-amante (Mme. S) de um *serial killer*, Henri Landru, movida em face do diretor de cinema Claude Chabrol, a *Societé Rome-Paris Films* e a distribuidora *Lux Compagnie Cinématographique de France*. A produção tratava de um documentário ficcional que apresentava trechos da vida pregressa da ex-amante, fazendo menção ao seu nome – o que não havia sido autorizado pela mesma – e era considerado por ela como um evento dramático em sua vida (PINHEIRO, 2016, p. 137). A Corte julgou improcedente o pedido em relação à distribuidora e à produtora do filme,[64] e não responsabilizou o diretor, pois considerou que tais fatos já teriam sido levados a público quando da publicação do livro de memórias de Mme. S, escrito pela própria (TAMÒ; GEORGE, 2014).

Denise Pinheiro indica que, na realidade, a expressão utilizada pela autora para justificar a responsabilização civil dos responsáveis pelo filme em razão da nova retratação de seu passado "doloroso" teria sido *"la prescription du silence"* (a prescrição do silêncio). Contudo, diante da dificuldade do jurista Gérard Lyon-Caen em atribuir sentido à expressão utilizada por Mme S., o mesmo se valeu do termo *"droit à l'oubli"* para melhor traduzir o desejo da autora. Assim,

> nos últimos três parágrafos de sua análise, ele questiona se o "droit à l'oubli" não teria sido um fundamento mais exato para o caso, respondendo que a verdadeira coloração do julgamento deveria mesmo ter se concentrado na

---

[63] FRANÇA, TGI Seine, 14 octobre 1965, Mme S. c. Soc. Rome Paris Film, JCP 1966 I 14482, n. Lyon-Caen, confirmé en appel, CA Paris 15 mars 1967.
[64] Em primeira instância, a produtora do filme foi responsabilizada por ter retratado a autora nua, ou quase nua, ao lado de Landru, o que configuraria um atentado ao seu pudor (PINHEIRO, 2016, p. 138).

lembrança de um período distante, talvez já esquecido, ainda que se tratasse da amante de Landru, pois, já envelhecida, ela teria conquistado um direito ao silêncio em relação às loucuras de sua juventude, como um condenado que já purgou a sua culpa, o que, afirma, entretanto, não poder ser invocado pela autora, justamente, pelo fato de ela mesma ter publicado as suas memórias (PINHEIRO, 2016, p. 140).

Conclui Pinheiro que, embora Gérard Lyon-Caen defenda a existência de um "direito ao esquecimento" como a possibilidade de o individuo proteger-se de seu passado após o transcurso do tempo (PINHEIRO, 2016, p. 144), o mesmo acreditava que aquele direito não seria aplicável ao caso concreto. Importante destacar que, em seus comentários, o jurista afirma que "a base principal do julgamento está relacionada com a vida privada de Segret, na violação do pudor através das cenas do filme já referidas", não tratando o caso de uma violação do direito à imagem da autora (PINHEIRO, 2016, p. 139).

No entanto, foi apenas no caso *Madame M. vs. Filipacchi et Cogedipresse* (1983)[65] que a jurisprudência francesa tratou, mencionou e reconheceu expressamente o *droit à l'oubli* (SARMENTO, 2015, p. 36). A mesma Corte de Apelação de Paris firmou o entendimento de que não seria justificável, em prol do interesse público em ter acesso à informação, a divulgação de matéria jornalística contendo informações pessoais de determinada pessoa, relativa ao seu envolvimento em uma tragédia ocorrida há quinze anos. Neste caso, entendeu-se que a divulgação da informação violaria o direito à privacidade da autora (SMITH; SCHLOETTER; OHLY, 2005, p. 178).

O caso tratou de uma ação de difamação proposta por Mme. M, com pedido de indenização, em face da revista francesa *Paris Match*, diante da publicação de uma fotografia da autora, em que era classificada como criminosa, sendo acusada pelo assassinato do filho e da mulher de seu amante. Ao analisar o caso, o Tribunal afastou o pedido de difamação, reconhecendo, no entanto, que a publicação da fotografia teria violado a honra da autora, e que a sua divulgação não apresentava o clamor de uma informação imediata, ou acrescia à cultura histórica dos leitores (PINHEIRO, 2016, p. 142). Além de ter sido reconhecido que o "direito ao esquecimento" deveria ser observado pelos jornalistas, foi apontado que indivíduos que

---

[65] FRANÇA, TGI Paris, 20 avril 1983, JCP., 1983.II.20434, obs. R. Lindon.

foram condenados penalmente, mas que já cumpriram sua pena, também possuíam este direito (PINHEIRO, 2016, p. 143).

Em outra decisão,[66] a Corte de Apelação de Paris entendeu que a divulgação de eventos passados pela imprensa, e não a divulgação de fatos atuais, também violaria o direito à privacidade do indivíduo. Foi compreendido que pessoas que participaram de um evento público no passado, mesmo que tenham sido protagonistas do mesmo, teriam um "direito ao esquecimento" como forma de oposição à lembrança daquele episódio, uma vez que este poderia causar "danos à sua reabilitação e ter uma influência perniciosa em sua vida privada"[67] (SMITH; SCHLOETTER; OHLY, 2005, p. 178).

No entanto, em 1990, no caso *Mme Monanges vs. Kern*[68], a Corte de Cassação Francesa (*Cour de Cassation*) atribuiu uma nova leitura ao "direito ao esquecimento", se posicionando contrariamente ao mesmo, entendimento este que tem se mantido desde então (PINHEIRO, 2016, p. 149). A Corte afirmou que fatos divulgados de forma lícita, que façam referência a documentos públicos, relacionados a um processo judicial, e que foram debatidos pela imprensa local, não pertenceriam mais à esfera privada de determinada pessoa, não sendo passível, portanto, de proteção pelo "direito ao esquecimento" (SMITH; SCHLOETTER; OHLY, 2005, p. 179).

Kern, um resistente da ocupação nazista na França, publicou um livro de memórias (*Un toboggan dans la tourmente, 1940-1945*), onde, em um dos seus capítulos, registrou o julgamento e a condenação de um colaboracionista, Chatelat, e de sua amante, Madame Monange, em 1946. Mme. Monange, quando da publicação do livro, em 1986, ajuizou uma ação em face de Kern, alegando a violação da sua vida privada pela exposição de tais fatos, e também diante do fato de o livro não mencionar que ela teria sido beneficiada pelo instituto da graça em 1947, e que estaria reabilitada desde a promulgação da lei datada de 05.01.1951 (PINHEIRO, 2016, p. 150).

A autora buscava obter a apreensão dos livros e a supressão de algumas passagens, o que foi deferido em primeiro grau, pelo Tribunal de Grande Instância de Besaçon. No entanto, a decisão foi reformada em segundo

---

[66] FRANÇA, TGI Paris 25.3.1987, D. 1988, somm., 198.
[67] Tradução livre de: "harm his rehabilitation and have a pernicious influence on his private life".
[68] FRANÇA, Cour de Cassation, Chambre Civile 1, 20 nov 1990, 89- 12.580, Publié au bulletin. *A aire Madame Monanges c. Kern et Marque- Maillard.*

grau, pela Corte de Apelação de Besaçon, que afirmou que a obra possuía um intuito histórico, e que, portanto, não precisava do consentimento dos interessados para tratar sobre fatos relacionados à sua vida privada, caso eles estivessem

> Relacionados com o tema do estudo, forem relatados com objetividade e sem a intenção de prejudicar e, ainda, se já forem públicos pelo processo judicial, inclusive disponibilizado, à época, na imprensa local (PINHEIRO, 2016, p. 150).

A Corte de Cassação entendeu que não se poderia falar em um "direito ao esquecimento" com o objetivo de impedir uma nova divulgação de fatos que já eram de conhecimento público por meio de debates judiciários e divulgados pela imprensa local [69]/[70] (PINHEIRO, 2016, p. 150).

Embora seja possível identificar decisões favoráveis ao "direito ao esquecimento" em instâncias inferiores (PINHEIRO, 2016, p. 149), de acordo com Pinheiro, no relatório de 2013 da Corte de Cassação francesa, foi previsto que o *droit à l'oubli* não era considerado como um princípio constitucional pela Corte.[71]

Pode-se observar que nos casos anteriormente tratados, o pedido dos autores, baseado no direito à honra e/ou à privacidade, tinha como objetivo obter uma reparação pecuniária pelos danos causados pela republicação de informações relacionadas a um passado remoto, ou, que noticiassem fatos novos sobre determinada pessoa que havia se tornado pública no passado por algum episódio. Apenas o pedido no caso *Mme Monanges vs. Kern* difere dos outros, uma vez que a autora se opõe à divulgação de fatos da sua vida privada, requerendo a apreensão dos livros e supressão de determinados trechos.

---

[69] Conforme aponta Denise Pinheiro, em sua tese de Doutorado, a Corte de Cassação analisou a questão sob dois ângulos: cassando e anulando o acórdão da Corte de Apelação de Besaçon. A primeira dimensão fora tratada acima, e a segunda dizia respeito à ausência de objetividade do autor ao não relatar a graça concedida à autora, além de não mencionar a sua reabilitação.
[70] Para uma análise mais profunda e detalhada de casos da jurisprudência francesa que tratem sobre o "direito ao esquecimento", ver PINHEIRO, 2016.
[71] FRANÇA. *Rapport Cour de Cassation 2013*. Disponível em <https://www.courdecassation.fr/IMG/pdf/cour_de_cassation_rapport_2013.pdf.> Acesso em 13.01.2018, p. 485.

O que se buscou evidenciar através da breve exposição destes casos é que a discussão sobre o *droit à l'oubli*, guardadas as peculiaridades de cada caso, sempre se dá no contexto de um conflito entre o clássico direito à privacidade, em que um indivíduo não deseja a exposição de determinados fatos de sua vida pregressa, ou de fatos atuais, e o direito de divulgação de tais acontecimentos, seja pelos tradicionais meios de comunicação, seja por meio de reprodução cinematográfica.

2.2.2. O "Direito ao Esquecimento" na Alemanha

Outros dois casos bastante emblemáticos e representativos sobre a compreensão inicial do *right to oblivion* ocorreram na Alemanha, e ficaram conhecidos como o Lebach I e o Lebach II. É importante destacar desde já que o primeiro caso foi utilizado como fundamento no julgamento do STJ nos casos Chacina da Candelária e Aída Curi, para embasar e justificar a aplicabilidade do "direito ao esquecimento" no ordenamento pátrio, sem ter sido feita menção ao segundo caso, que, como se verá a seguir, não aplicou o direito ao caso concreto.

Em 1969 um latrocínio praticado por três indivíduos em uma pequena cidade da Alemanha chamada Lebach envolveu o assassinato de quatro soldados, e um quinto que ficou gravemente ferido, para roubar as armas e munições guardadas em um depósito protegido pelos soldados. Em agosto de 1970 dois dos participantes do crime foram condenados à prisão perpétua, e o terceiro condenado a seis anos de reclusão por auxiliar na preparação do crime. O crime, à época, ganhou bastante cobertura da mídia local e a atenção da opinião pública (SCHWABE, 2005, p. 486/487).

A ZDF (*Zweites Deutsches Fernsehen* – Segundo Canal Alemão) produziu um documentário sobre o ocorrido, onde todos os participantes dos assassinatos de Lebach eram apresentados com fotos e nomes, mas eram representados por atores ao longo do filme. O documentário narrava a noite do crime, a perseguição e a prisão dos criminosos pela polícia, além de descrever a relação amorosa existente entre os condenados. A ZDF transmitiria o documentário pouco antes da data da soltura de um dos partícipes (SCHWABE, 2005, p. 487).

Para evitar a transmissão do programa, o referido condenado pleiteou, por meio de uma medida cautelar, que o mesmo não fosse ao ar, pedido que foi negado em primeira instância (Tribunal Estadual de Mainz), e mantido pela segunda instância (Superior Tribunal Estadual). Diante da negativa, o ex-condenado apresentou uma reclamação constitucional perante o Tribunal Constitucional Federal (TCF), que foi julgada procedente, com o reconhecimento da violação do direito de desenvolvimento da personalidade do reclamante, justificando, neste caso, uma intervenção no direito de radiodifusão. Assim, o TCF revogou a decisão da instância inferior, impedindo que o documentário fosse transmitido até que a questão fosse resolvida ao final da ação principal (SCHWABE, 2005, p. 487). Em breve síntese, o entendimento extraído do julgamento foi que:

> Em casos que envolvam a cobertura de crimes pela imprensa o interesse público geralmente deve prevalecer, mas exceções devem ser admitidas. Assim, o nome do ofensor só pode ser publicado quando um grave crime foi cometido. Até em casos sérios o nome do ofensor não pode ser exposto ao público, mesmo passados anos desde o cometimento do crime. Em algum momento o ofensor deve ser permitido a ser reintegrado na sociedade (SMITH; SCHLOETTER; OHLY, 2005, p. 117).[72]

O caso Lebach II, segundo Otávio Luiz Rodrigues Junior, seria uma revisitação do problema do "direito ao esquecimento", mas com um resultado diverso. Segundo o autor, em 1996, um canal da televisão alemã produziu uma série sobre crimes históricos. Um dos episódios que seriam apresentados tratava de um crime ocorrido no arsenal militar de Lebach, que resultou no assassinato de quatro militares das Forças Armadas (*Bundeswehr*). Ao contrário do que havia sido feito pelo canal ZDF, os produtores da série, que seria transmitida no canal SAT 1, mudaram o nome dos envolvidos, suas imagens não foram transmitidas, e o ex-chefe de polícia de Munique fora convidado para comentar o episódio (JUNIOR, 2013).

Os envolvidos no Lebach II requereram liminarmente que a série não fosse transmitida, o que foi deferido pela instância ordinária, razão pela qual a SAT 1 apresentou uma reclamação constitucional perante o TCF. Diferentemente do que ocorreu no Lebach I, a Corte anulou a referida

---

[72] Tradução livre de: "(...) in cases concerning press coverage of crime the public interest in information generally prevailed, exceptions had to be allowed. Thus the offender's name could only be published when serious crimes had been committed. Even in serious cases the offender's names could not be presented to the public years after the crime had been committed. At some point the offender had to be allowed to be re-integrated into society".

decisão, e, após realizar a ponderação entre a liberdade de radiodifusão do programa de televisão e o direito geral de personalidade dos reclamados, deferiu o pedido daquela, para garantir a transmissão do documentário. Entre os vários argumentos apresentados pela Corte para fundamentar sua decisão[73], pode-se afirmar que o que foi decisivo, e o que diferenciou o resultado deste caso em relação ao Lebach I, foi o fato de a SAT I não ter apresentado fotos, nomes ou ter revelado a identidade dos ofensores de nenhuma forma (KROTOSZYNSKI, 2006, p. 109). Outro fator importante teria sido o fato de terem transcorrido quase 30 anos desde o cometimento do crime, o que mitigava os riscos de prejudicar a ressocialização dos condenados (JUNIOR, 2013).[74]

2.2.3. O "Direito ao Esquecimento" nos Estados Unidos da América

Nos Estados Unidos da América os casos *Melvin vs. Reid*[75] (1931), mais conhecido como *Red Kimono*, julgado pela Suprema Corte da Califórnia, e *Sidis vs. F-R Publicshing Corporation*[76] (1940), julgado pela Corte Federal do Segundo Circuito de Nova Iorque, são tradicionalmente mencionados quando são discutidos os primeiros julgamentos sobre o "direito ao esquecimento".

O primeiro caso tratou do pedido de reparação formulado por Gabrielle Darley Melvin, uma antiga prostituta, que em razão da exposição de episódios de sua vida pregressa no filme chamado *The Red Kimono*, que envolviam o fato de a mesma ter sido processada e absolvida pelo crime de homicídio. Melvin alegava que a produção artística violaria seu direito à privacidade, causando danos de ordem psíquica e mental. Segundo a autora, após estes eventos, ela teria abandonado seu antigo estilo de vida (*life of shame*) e se reabilitado; havia se casado com Bernard Melvin,

---

[73] Otávio Luiz Rodrigues Junior organiza todos os argumentos apresentados pelo TCF (JUNIOR, 2013).

[74] Para mais casos que analisaram pedidos semelhantes na Alemanha, ver AMÒ; GEORGE, 2014.

[75] ESTADOS UNIDOS DA AMÉRICA. Corte de Apelação do Quarto Distrito do Estado da Califórnia. Apelação. Gabrielle Darley Melvin vs. Dorothy Davenport Reid. Relator Justice John Bernard Marks.

[76] ESTADOS UNIDOS DA AMÉRICA. Corte de Apelação do Segundo Distrito. Apelação. William James Sidis vs. F-r Publishing Corp., Relator Justice Clark. Julgado em 20.07.1940

passando a viver uma vida "exemplar, virtuosa, honrável e direita" e assumido um lugar respeitável na sociedade. Sustentou, ainda, que seu círculo de amigos desconhecia os eventos relacionados à sua antiga vida; que o filme *The Red Kimono* tinha sido produzido e exibido sem o seu consentimento, com a utilização de seu nome verdadeiro de solteira (Gabrielle Darley), e que logo após a sua exibição seus amigos, que tiveram conhecimento pela primeira vez dos "desagradáveis" episódios de sua juventude, começaram a se distanciar dela.

A Corte, ao analisar o caso, fez menção ao conhecido artigo de Louis Brandeis e Samuel Warren, *The Right to Privacy*, publicado na *Harvard Law Review* em 1890, onde o direito à privacidade foi compreendido[77] como o direito a ficar só (*the right to be let alone*)[78]. A Corte indicou que o fato de os incidentes narrados no filme estarem disponíveis no processo judicial em que a autora foi acusada e absolvida pelo crime de homicídio seria suficiente para negar-lhe seu direito à privacidade. No entanto, embora a Corte tenha reconhecido a inexistência de qualquer norma no Estado da Califórnia que possibilitasse o ajuizamento de uma ação indenizatória (*action in tort*) baseada no direito à privacidade, algo semelhante ao direito a ficar só poderia ser deferido se baseado no artigo primeiro da Constituição da Califórnia. Tal artigo previa um direito fundamental em perseguir e obter felicidade, garantindo que indivíduos possam viver sem a intrusão indevida de terceiros em sua liberdade, propriedade ou reputação. Considerando que houve a reabilitação da autora, a Corte entendeu que deveria garantir

---

[77] Em seu voto, Justice Mark, transcreve o entendimento consolidado no caso *Jones v. Herald Post Co* sobre o direito à privacidade: "The right of privacy has been defined as the right to live one's life in seclusion, without being subjected to unwarranted and undesired publicity. In short it is the right to be let alone. 21 R.C.L. 1197, 1198. There are times, however, when one, whether willingly or not, becomes an actor in an occurrence of public or general interest. When this takes place, he emerges from his seclusion, and it is not an invasion of his right of privacy to publish his photograph with an account of such occurrence".

[78] Stefano Rodotà apresenta uma síntese da compreensão deste conceito de privacidade pensado por Warren e Brandeis: "Sob o impulso dado por Louis Brandeis, emergiu uma visão na qual a privacidade foi vista também como uma ferramenta de proteção a minorias e opiniões dissonantes e, portanto, à livre manifestação e ao direito de livremente desenvolver a personalidade. Aqui surge um aparente paradoxo: a forte proteção da esfera privada em última instância não resguarda a privacidade nem a mantém protegida do olhar indesejável; na verdade, permite que crenças e opiniões individuais sejam tornadas públicas livremente" (RODOTÀ, 2007, p. 13).

à mesma que continuasse no caminho de retidão, ao invés de permitir que ela "fosse jogada à vida do crime e da vergonha novamente". Como aponta o jurista americano Anthony Lewis:

> Até 1971, a Suprema Corte da Califórnia seguiu esse precedente, sustentando a tese de que, mesmo que um acontecimento escandaloso fosse divulgado na época de sua ocorrência, uma história publicada mais tarde que fizesse os leitores se lembrarem dele poderia ser uma violação de privacidade (LEWIS, 2011, p. 94).

Já o segundo caso, *Sidis vs. F-R Publishing Corporation*, trata de um menino prodígio que, em 1910, era conhecido pelos jornais pelo fato de seu pai "treina[r] o filho incansavelmente e envia[r] à imprensa boletins sobre suas façanhas" (LEWIS, 2011, p. 80). Seus feitos noticiados indicavam, entre outros, que quando tinha onze anos dava aula a matemáticos sobre o tema das quatro dimensões corporais, e que aos dezesseis anos teria se formado na Universidade de Harvard.

Passados alguns anos, Sidis resolveu viver uma vida mais reclusa, se esquivando da atenção pública. Isto se deu até a publicação de um artigo na revista *The New Yorker*, em 1937, com o título "Onde Estão Eles Agora", com o subtítulo "April Fool",[79] narrando o caminho que o garoto prodígio teria percorrido. A matéria descrevia como ele havia abandonado seu talento matemático e utilizado sua inteligência para conhecimentos "bizarros", descrevendo sua vida "solitária", onde morava em "um quartinho no canto de um corredor na miserável região sul de Boston" (LEWIS, 2011, p. 80).

O juiz Clark, em seu voto, embora tenha demonstrado compaixão por Sidis, à luz do conceito de privacidade construído por Brandeis e Warren, destacou que a Corte ainda não estaria disposta a garantir uma imunidade absoluta a todos os detalhes da vida privada de uma pessoa, mas que estaria disposta a garantir "um escrutínio limitado à vida privada de qualquer indivíduo que alcançou, ou à qual foi imposto, o questionável e indefinível *status* de figura pública."[80] Afirmou que o desenvolvimento do futuro

---

[79] Piada que tem como referência o fato de Sidis ter nascido em primeiro de abril, que seria equivalente ao dia da mentira no Brasil.

[80] Tradução livre de: "At least we would permit limited scrutiny of the "private" life of any person who has achieved, or has had thrust upon him, the questionable and indefinable status of a "public figure".

promissor de Sidis ainda levantava interesse do público, e que de maneira "lamentável ou não, os infortúnios e as fragilidades de vizinhos e 'figuras públicas' estão sujeitos a considerável interesse e discussão pelo resto da população",[81] de forma que não seria prudente que a Corte censurasse informações a seu respeito.

Segundo Anthony Lewis, atualmente, as interpretações da Primeira Emenda são "mais generosas" e "deixam claro que a imprensa pode chamar atenção de forma verídica para fatos antigos, por mais embaraçosos que eles sejam" (LEWIS, 2011, p. 95). Continua apontando que,

> A cultura jurídica americana tal como é hoje não aceitaria a proibição da publicação de fatos que já fossem de conhecimento público. E as ferramentas de busca na internet tornaram o passado de praticamente qualquer pessoa disponível ao público com apenas um clique. Uma vez conhecido, nenhum fato da vida privada pode ser enterrado (LEWIS, 2011, p. 95).

À semelhança dos outros casos analisados, os julgamentos americanos apresentam as mesmas características das demandas que se enquadram nas ações do *droit à l'oubli*, sem que seja utilizado expressamente este termo. Mesmo diante da observação de Anthony Lewis acima citada, além do posterior julgamento do garoto prodígio, o STJ, nos casos Aída Curi e Chacina da Candelária, apenas fez referência ao caso do *Red Kimono,* ignorando a posição mais recente da Suprema Corte Americana, que possui uma interpretação mais liberal da liberdade de expressão.

2.3. *Droit à l'oubli vs.* "Direito ao Esquecimento" na Internet

Embora se reconheça a grande diferença existente na interpretação da liberdade de expressão nos Estados Unidos em relação à Europa,[82] o que se buscou através da análise destes casos foi demonstrar que tais julgamentos, considerados como representativos de como a ideia de um "direito ao

---

[81] Tradução livre de: "Regrettably or not, the misfortunes and frailties of neighbors and "public figures" are subjects of considerable interest and discussion to the rest of the population"
[82] Ver SCHWARTZ, John. **Two German Killers Demanding Anonymity Sue Wikipedia's Parent.** Nova Iorque: NYTimes, novembro 2009. Disponível em <http://www.nytimes.com/2009/11/13/us/13wiki.html>. Acesso em 20.04.2017.

esquecimento" se originou, tratavam da alegação da violação do tradicional direito à privacidade, seja este originário dos direitos da personalidade, ou compreendido como corolário da dignidade humana.[83] A consequência imposta pelos Tribunais em razão de tal violação poderia variar entre a censura da circulação de determinada expressão, a um pedido de reparação pecuniária, ou ambos. Percebe-se, portanto, que o *droit à l'oubli*

> É invocado primariamente em casos que uma exposição pública indesejada é dada ao passado de determinada pessoa, em que esta alega que tal exposição viola seu direito fundamental à privacidade ou direitos da personalidade, em um grau que não é justificado por nenhum interesse público. A este respeito, debates sobre o *droit à l'oubli* são semelhantes a outros casos, como quando o direito à privacidade de pessoas públicas vai de encontro com a liberdade de expressão[84] (GRAUX; AUSLOOS; VALCKE, 2012, p. 4).

Como antecipado, a doutrina não tem realizado uma distinção teórica entre o "direito ao esquecimento", compreendido à luz do caso González, e o clássico *droit à l'oubli*. Contudo, este trabalho se propõe a não utilizar estes conceitos como sinônimos, optando por distingui-los, razão pela qual são utilizadas diferentes terminologias para se referir a cada um deles: *droit à l'oubli*, para fazer referência ao seu momento de origem, e "direito ao esquecimento", para se referir à sua aplicação ao contexto da internet. O intuito é evidenciar as diferenças entre ambos no que diz respeito aos seus fundamentos, o contexto, os agentes envolvidos e aos deveres e às obrigações que surgem quando o direito é violado.

Como já demonstrado, o atual debate sobre o "direito ao esquecimento" aplicado ao contexto da internet não guarda estrita correspondência com os "contornos do *droit à l'oubli*", pois este é compreendido à luz do tradicional direito fundamental à privacidade, no eixo "pessoa-informação-segredo", enquanto aquele se relaciona "com um nível razoável de privacidade

---

[83] Sobre a privacidade como um dos aspectos da integridade psicofísica do princípio da dignidade da pessoa humana, ver MORAES, 2006.

[84] Tradução livre de "[The droit à l'oubli] is thus invoked primarily in cases where undesired public exposure is given to a person's past, with the subject of the exposure arguing that this exposure violates his fundamental privacy or personality rights, to a degree that is not justified by any legitimate public interest in this exposure. In that respect, debates around a droit à l'oubli are similar to other cases in which privacy rights of public figures clash with the freedom of expression".

informacional através de mecanismos apropriados para o controle de dados pessoais" (GRAUX; AUSLOOS; VALCKE, 2012, p. 5). Pode-se afirmar que o mesmo foi pensado para tratar das novas formas de dar publicidade a um conteúdo no âmbito *online*, em especial, como uma reação a dois tipos de intermediários: os provedores de busca da internet e as mídias sociais (HOBOKEN, 2013, p. 26).

Além disso, o *right to oblivion* e o *"right to be forgotten"* na internet também podem ser diferenciados pelo enfoque atribuído a cada um:

> Enquanto o *drot à'loubli* vem sendo invocado como uma proteção contra uma invasão desproporcional pela mídia *mainstream* (jornais, canais de notícia, rádio, etc) na vida privada das pessoas que ganharam interesse aos olhos do público, o direito ao esquecimento não possui esta tradição ou conotação. A pessoa que postou algo indiscreto ou imagens inapropriadas, vídeos ou posicionamentos em *sites* públicos podem sofrer por isso por um longo tempo, mesmo que não seja dado foco ou seja orquestrado por parte dos maiores *players* da mídia. Certamente, é suficiente que o seu nome esteja relacionado a estes materiais e acessíveis via pesquisa pelos provedores de busca para lhe causar significativo embaraço, estigma ou dano[85] (GRAUX; AUSLOOS; VALCKE, 2012, p. 5).

Nota-se que o "direito ao esquecimento" estaria melhor destinado a resolver tipos de conflitos relacionados à proteção de dados pessoais disponíveis na internet, a fim de proteger a privacidade dos indivíduos. Não por outro motivo, a previsão deste direito pela nova regulação da União Europeia se destina à "providenciar uma base legal para que os cidadãos possam exercer um maior controle sobre a disponibilidade e uso de seus dados pessoais" (GRAUX; AUSLOOS; VALCKE, 2012, p. 5).[86] Os pedidos

---

[85] Tradução livre de: "This distinction is also reflected in a different focus: while the droit à l'oubli has tended to be invoked as a shield against disproportionate intrusion by mainstream media (papers, news broadcasts, radio plays, etc.) into the private life of people who have entered into the public eye, the right to be forgotten has no such tradition or connotation. A person who has posted indiscreet or inappropriate images, videos or statements on a public website might suffer from this for a long time, even in the absence of any orchestrated or targeted focus from major media players. Indeed, it is sufficient that his or her name is connected to such materials via web search engines and the like to cause significant embarrassment, stigma or harm".
[86] Tradução livre de: "providing a legal basis for citizens to exercise a greater degree of control over the availability and use of their personal data"

por "direito ao esquecimento" no ambiente virtual se dirigem aos novos atores da internet, responsáveis pela publicação e disponibilização de informações *online*, como as redes sociais, os provedores de pesquisa e, eventualmente, *sites* ou blogs de mídias tradicionais e alternativas.

Portanto, diante do atual contexto da sociedade da informação, o conceito do "direito ao esquecimento" ganhou novos contornos quando pensado na sua aplicação na internet, sobretudo a partir da decisão do caso González e da previsão desta expressão no novo Regulamento Geral de Proteção de Dados Pessoais da União Europeia. Considerando a atual compreensão do direito à privacidade, os deveres que surgem da mesma, e os mecanismos que visam tutelá-la, denota-se uma nova perspectiva do "direito ao esquecimento", não sendo mais adequado considerar o *droit à l'oubli* e o "direito ao esquecimento" aplicado na internet como estritamente correlatos.

Os novos agentes da internet e esta compreensão do direito à privacidade, onde a legislação destinada à proteção de dados pessoais garante mecanismos para assegurar a sua tutela, geram novos deveres que devem ser observados por todos aqueles envolvidos neste contexto virtual. A não observação dos deveres previstos na norma levarão à imposição de obrigações.

Nos casos de *oblivion*, diante do contexto em que os pedidos ocorram, as pretensões em razão da alegada violação ao direito à privacidade da vítima se restringiam a um pleito indenizatório ou de supressão de conteúdo. Por sua vez, nos casos de "direito ao esquecimento" na internet, surge uma nova gama de deveres e obrigações que podem ser impostas para efetivar a tutela dos direitos daqueles que se sentem lesados pela publicização de informações sobre si. Outra diferença importante também diz respeito ao tipo de consentimento exigido: enquanto no *droit à l'oubli* os demandantes não autorizam a publicação de informações pretéritas ou atuais sobre si, no "direito ao esquecimento" na internet o consentimento diz respeito ao desejo do indivíduo de que seus dados pessoais não sejam mais tratados pelo controlador, logo, não podendo manter-se disponíveis na internet.

Esta diferenciação em relação ao fundamento, ao contexto e às consequências entre o "direito ao esquecimento" à luz do que foi decidido pelo TJUE, e o clássico *droit à l'oubli*, é importante diante da necessidade de se identificar as situações que seriam tuteladas pelo "direito ao esquecimento" na internet, o que ele abrange e protege e, principalmente, os deveres e obrigações que dele surgem.

De maneira contraditória, muitas decisões judiciais e propostas legislativas têm sido fundamentadas na decisão do caso González, que, repita-se, "foi especificamente dirigida aos resultados mostrados por ferramentas de busca e não à plataforma da publicação original" (SOUZA; LEMOS, 2016, p. 126) para estabelecer coisas diversas do que foi definido pelo TJUE. É por isso que Carlos Affonso Souza e Ronaldo Lemos afirmam a necessidade de reforçar o entendimento fixado pelo TJUE naquele julgamento para que se possa ter um olhar crítico do caso. Isto é especialmente importante em relação aos projetos de lei que tratam do direito ao esquecimento "que, muitas vezes sob o falso pretexto de estarem seguindo tendência mundial, preveem a obrigatoriedade de remoção de conteúdo em circunstâncias específicas" (SOUZA; LEMOS, 2016, p. 126).

Um exemplo disto é a lei federal n° 264.FZ2[87] promulgada na Rússia que foi anunciada como uma resposta à decisão do TJUE, e garante aos seus cidadãos o requerimento de um "direito ao esquecimento". A lei impõe um dever aos provedores de busca na internet, para que desindexem *links* que apresentem informações sobre consumidores que sejam consideradas ilicitamente disseminadas, falsas, desatualizadas ou irrelevantes. Como aponta Cláudio Lucena, uma das maiores críticas feitas a esta iniciativa é a ausência explícita de qualquer conexão com outras previsões que cuidem da proteção de dados pessoais, criando um direito *sui generis* de desindexação que abarca situações muito abrangentes, sem a previsão de qualquer exceção a pedidos que envolvam o interesse público da informação (LUCENA, 2016). A mesma crítica pode ser dirigida aos projetos de lei brasileiros relativos ao tema que tramitam no Congresso Nacional, analisados no quarto capítulo deste trabalho, cabendo evidenciar, por ora, os problemas que o "direito ao esquecimento" tem trazido.

Em suma, o que se buscou demonstrar neste capítulo foi a necessidade de se compreender os primeiros desafios do "direito ao esquecimento", com o intuito de organizar sua origem e a sua aplicação na atual sociedade da informação. O contexto da internet implica em novos deveres que devem ser observados, fazendo surgir novas obrigações que podem ser impostas

---

[87] Sobre a lei federal russa n° 264-FZ2, uma emenda à lei federal *On Information, Information Technologies, and Data Protection* e aos artigos 29 e 402 do Código Civil da Federação Russa, também conhecida como a lei sobre o "direito ao esquecimento" (13 de julho de 2015). Ver: http://cyberlaw.stanford.edu/page/wilmap-russia. Acesso em 20.04.2017.

quando aqueles são descumpridos, além de novas situações que o "direito ao esquecimento" visa tutelar. É importante analisar o caso González, primeiro julgamento que aplicou aquele direito à internet, para melhor direcionar o debate, e evitar que a ideia de esquecimento seja utilizada de maneira a justificar restrições indevidas a direitos fundamentais.

No *leading case* sobre o tema, o "direito ao esquecimento", no âmbito da internet, foi compreendido como a possibilidade de que o cidadão pleiteie pela desindexação de *links* dos índices de pesquisa dos provedores de busca, para garantir a sua privacidade, e não a retirada de conteúdo das plataformas. Contudo, tal fato não obriga outras jurisdições a reconhecerem este direito da mesma forma, diante dos diferentes contextos históricos, culturais e regulatórios de cada país. A utilização do precedente sem as considerações das peculiaridades de cada país não conduz a soluções justas, correndo-se o risco de fragmentação e imprecisão conceitual.

A terminologia escolhida acaba por enviesar o debate, enquanto este deve ocorrer, em especial, para pensar a melhor forma de prever mecanismos que tutelem a autodeterminação informativa dos cidadãos. Como se verá no capítulo seguinte, a desindexação tem sido analisada pelo Judiciário na região da América Latina sem que o termo "direito ao esquecimento" seja utilizado como fundamento. Inclusive, foi refutada a aplicação da legislação de proteção de dados como alternativa para a resolução dos casos, além do entendimento europeu no caso González, preferindo-se utilizar institutos já existentes nos ordenamentos jurídicos para resolver a controvérsia.

3. O "Direito ao Esquecimento" chega à América Latina

O resultado do julgamento do TJUE sobre o "direito ao esquecimento" foi acompanhado pelo meio jurídico internacional com bastante atenção, motivando uma série de propostas legislativas sobre o assunto, assim como o aumento de demandas judiciais com pedidos de desindexação, como se verá mais adiante no quarto capítulo deste trabalho. Como indica Julia Powles "é necessário um caso jurídico raro para capturar a imaginação do público, e um ainda mais raro para ali se manter" (POWLES, 2015, p. 584). O caso González é um destes *leading cases* que, embora amplamente conhecido e debatido, trouxe mais dúvidas do que definições. A alteração do Regulamento da União Europeia que trata sobre a proteção de dados pessoais acentuou ainda mais as incertezas deixadas pela decisão, dando uma ampla margem para que os Tribunais, legisladores nacionais e as Agências de Proteção de Dados Pessoais interpretem livremente os conceitos ali dispostos.

A maior preocupação com o que foi decidido pelo TJUE é que outros países, que não possuem a mesma tradição democrática e jurídica que a União Europeia, se aproveitem de maneira negativa do momento atual de discussão sobre os desafios relacionados à publicação de informações na internet. Um destes desafios diz respeito ao apagamento de dados na era digital (HOBOKEN, 2013, p. 3), e edição de leis e proferimento de decisões judiciais que não façam um balanço razoável entre os direitos à privacidade e à proteção de dados pessoais, e outros direitos fundamentais, como a liberdade de expressão e de informação.

Eduardo Bertoni, Diretor da Agência Nacional de Proteção de Dados Pessoais na Argentina, produziu um curto artigo, publicado logo após a decisão do TJUE, apontando que o "direito ao esquecimento" seria uma afronta à América Latina, uma vez que a região tem passado os últimos anos investigando os acontecimentos da época da ditadura militar, e não tentando promover qualquer tipo de iniciativa que estimule que informações sejam apagadas (BERTONI, 2014). Catalina Botero, que foi Relatora Especial sobre Liberdade de Expressão na Comissão Interamericana de Direitos Humanos da OEA, também tem criticado decisões que trataram sobre o "direito ao esquecimento" na América Latina, e tem afirmado que o mesmo não existe enquanto um direito fundamental (SÁ, 2016).

Desde 2014, os Tribunais e as Agências de Proteção de Dados Pessoais da América Latina têm enfrentado controvérsias que envolvem pedidos de "direito ao esquecimento". Estas pretensões envolvem um requerimento de desindexação feito por um indivíduo, direcionado a provedores de busca da internet, e por vezes, incluem a página virtual onde o conteúdo contestado foi postado. Como se verá neste capítulo, os resultados dos julgamentos têm variado bastante. Na maior parte dos casos julgados os intermediários não têm sido responsabilizados pelo conteúdo postado por terceiros, e a típica defesa apresentada pelos mesmos tem sido rejeitada, em que alegam que "as subsidiárias locais das empresas intermediárias como Google ou Facebook não seriam responsáveis em seus respectivos países, porque possuem sede nos Estados Unidos" (BOTERO, 2015, p. 9).[88]

No que diz respeito à fundamentação jurídica, os países latinos têm aplicado institutos e disposições já previstas na legislação local para resolver o conflito. Tais previsões tratam sobre o direito que um indivíduo possui de não ser mais associado às informações criminais ou financeiras sobre o seu passado (KELLER, 2017b, p. 154), ou direitos que regulam eventuais danos causados à dignidade e reputação ou garantias contra a difamação (KELLER, 2017b, p. 162). Ainda, as leis gerais de proteção de dados pessoais (já promulgadas no Chile, Argentina, Uruguai, México, Costa Rica, Peru, Nicarágua e Colômbia) (ARTIGO 19, 2017) e o instituto do *habeas data* têm sido escolhidos como possíveis fundamentos jurídicos para solucionar casos que tratem do "direito ao esquecimento" (KELLER, 2017b, p. 154), além de serem invocados para resolver controvérsias que envolvam os provedores de aplicação.[89]

---

[88] Tradução livre de: "local subsidiaries of Internet intermediary companies like Google or Facebook are not legally responsible in their respective countries because their headquarters are in the United States [has been rejected]".

[89] De acordo com a ONG Artigo 19, "Nas Américas, muitas nações têm formalizado direitos de privacidade, seja nas constituições seja nas leis, sob *Habeas Data*, fornecendo aos indivíduos

Nesse sentido, o relatório apresentado na Comissão Interamericana de Direitos Humanos (CIDH) em 2016 sobre liberdade de expressão, ao tratar sobre a responsabilidade civil dos intermediários, recomendou que, diante do "alcance global e transnacional da internet, os Estados deveriam aspirar em alcançar uniformidade com as normas que regulam a responsabilidade neste contexto, enquanto um aspecto fundamental para manter uma internet livre, aberta e global" (LANZA, 2016, p. 439).[90] Como já se viu, os efeitos da extraterritorialidade da decisão do TJUE, e a possibilidade de que a desindexação ocorra globalmente, podem afetar a experiência dos usuários da internet, criando uma rede fragmentada, com diferentes regimes de responsabilidade dos provedores de aplicação. O relatório destaca que, embora pedidos de remoção e desindexação já estivessem sendo formulados e apreciados pelos tribunais, o caso González deu origem a um novo debate sobre o tema. Isto exigirá uma discussão sobre a necessária e "adequada ponderação dos limites entre o direito à privacidade e o direito à liberdade de expressão e informação na Internet" (LANZA, 2016, p. 441)[91].

Como consequência deste julgamento, houve um aumento significativo de solicitações de remoção e desindexação de conteúdo direcionadas aos motores de busca da internet. No entanto, diferentemente do que foi decidido no TJUE, há situações em que ocorre uma significativa expansão do conceito do "direito ao esquecimento", "para exigir de jornais, *blogs* e jornalistas a remoção ou eliminação direta de conteúdo ao invés de sua desindexação" (LANZA, 2016, p. 443)[92]. Além disso, talvez o que pareça mais preocupante, e que fora registrado neste relatório, é a existência de pedidos feitos por funcionários públicos requerendo seu "direito ao esquecimento" para remover informações que possuem notável interesse público (LANZA, 2016, p. 443). Embora se reconheça que este "direito"

---

o direito de, nas palavras da Comissão Interamericana de Direitos Humanos, "modificar, remover ou corrigir in- formações devido à sua natureza sensível, errônea, tendenciosa ou discriminatória" (ARTIGO 19, 2017, p. 12).

[90] Tradução livre de: "atento el alcance global y transnacional de internet, los Estados debieran aspirar a lograr uniformidad en las normas que rigen dicha responsabilidad como un aspecto fundamental para mantener una internet libre, abierta y global"

[91] Tradução livre de: "la adecuada ponderación de los límites entre el derecho a la privacidad y el derecho a la libertad de expresión e información en Internet".

[92] Tradução livre de: "para exigir a periódicos, blogs y periodistas, la remoción o eliminación de contenidos en lugar de su desindexación por motores de búsqueda"

não tenha sido pensado para ser aplicado a estas situações,[93] ao menos na América Latina, o mesmo tem sido requerido, havendo receio de que sejam deferidos.

Nesse contexto, este capítulo buscará evidenciar como uma decisão proferida no âmbito da União Europeia teve tamanho impacto nos sistemas legais da América Latina. O fato de a controvérsia envolver a internet e empresas de tecnologia que possuem uma atuação global, com o potencial de modificar a estrutura de rede não fragmentada como atualmente é conhecida, torna inevitável que outros países também tenham que se debruçar sobre o assunto. No entanto, a incorporação de entendimentos jurisprudenciais estrangeiros deve sempre ocorrer com o devido cuidado, sob pena de ocorrerem distorções na aplicação do precedente por parte dos magistrados, e também pela possibilidade de haver incompatibilidade entre o entendimento internacional e a legislação local e tratados regionais.

Ao analisar o julgamento do caso González e o novo Regulamento de Proteção de Dados Pessoais da União Europeia, Daphne Keller reconhece a repercussão que, tanto o julgamento, quanto a legislação, terão para os países que se encontram fora da União Europeia. A pesquisadora indaga como os países da América Latina deverão responder, e aponta que:

> A partir de uma perspectiva de direitos humanos, esta é uma questão complexa. De um lado, a lei da UE [União Europeia] tem sido admiravelmente robusta e inovadora para proteger o direito à privacidade dos usuários da Internet. Existem boas razões para que defensores possam querer imitar muitas destas escolhas. Por outro lado, a forma com que o direito ao esquecimento tem sido aplicado na Europa dá pouca atenção aos direitos relativos à livre expressão se comparado com outros sistemas legais. E, simplesmente por uma questão doutrinária e de *blackletter law*, os desenvolvimentos ocorridos na União Europeia foram motivados pelas regras únicas existentes na Europa, não havendo qualquer corolário das mesmas na América Latina (KELLER, 2017b, p. 169)[94].

---

[93] Em entrevista concedida ao Internetlab (centro de pesquisa brasileiro vocacionado ao estudo da área de direito e tecnologia), Julia Powles reconheceu que o "direito ao esquecimento" não foi pensado para situações que envolvam políticos, diante do interesse público inerente a estas situações (INTERNETLAB, 2017, p. 37).

[94] Tradução livre de: "From a human rights perspective, this is a complex question. On one hand, EU law has been admirably robust and innovative in protecting Internet users' privacy rights. There are good reasons that advocates might want to emulate many of its choices.

Segundo Keller existem duas diferenças relevantes entre os sistemas legais destas regiões que tornariam o julgamento do TJUE incompatível com as fontes do direito da região da América Latina. Primeiro, o caso González, ao priorizar os direitos à privacidade e à proteção de dados pessoais em relação ao direito ao acesso à informação, teria violado o sistema Interamericano de direitos humanos (KELLER, 2017b, p. 172)[95]. Segundo, a forma com que as constituições nacionais na América Latina definem e delineiam direitos difere da forma prevista pela Carta de Direitos Fundamentais da União Europeia. Esta diferencia o direito à proteção de dados pessoais do direito à privacidade, e atribui àquele um caráter de direito fundamental (KELLER, 2017b, p. 172), ao contrário do que ocorre no sistema Interamericano. Normalmente, os países da América Latina dispõem de previsão constitucional para o *habeas data* e para o tradicional direito à privacidade, que implicam outros tipos de conflitos, e têm que "enfrentar questões difíceis para balancear estes direitos sob o seu próprio sistema constitucional" (KELLER, 2017b, p. 172).[96]

Nesse contexto, esse capítulo abordará a análise de três decisões que trataram sobre o "direito ao esquecimento" proferidas na Argentina, Colômbia e Peru, a fim de evidenciar a solução que cada País adotou ao apreciar casos semelhantes ao julgado pelo TJUE. O intuito é evidenciar as respostas dadas na América Latina ao "direito ao esquecimento" à luz do que foi decidido pelo TJUE. Enquanto as Supremas Cortes da Argentina e da Colômbia expressamente rejeitaram aquele precedente, a Autoridade de Proteção de Dados Pessoais do Peru optou por acompanhar o desfecho daquele *leading case*.

Diante de todas as dificuldades enfrentadas por estes países, guardadas as peculiaridades da história de cada um deles, abordar o debate sobre o "direito ao esquecimento" torna-se uma questão jurídica relevante por envolver direitos fundamentais tão caros a cada sistema jurídico,

---

On the other hand, the way the RTBF has played out in Europe gives far shorter shrift to speech rights than many other legal systems would do. And, simply as a matter of doctrine and blackletter law, EU developments were driven in part by rules unique to Europe, with no corollary in Latin America".

[95] Como já identificado no item "2.1.3. As consequências da extraterritorialidade da decisão do TJUE e a decisão da CNIL".

[96] Tradução livre de: "will face important questions about balancing these rights under their own constitutional systems".

principalmente no atual contexto da sociedade da informação. As questões trazidas neste trabalho sobre o "direito ao esquecimento" possuem especial relevância, em razão das controvérsias que os legisladores e magistrados irão ter que lidar, especialmente na tentativa de conciliar o direito à privacidade e à liberdade de expressão nas comunicações *online*, enfrentando "perguntas importantes sobre o balanceamento destes dois direitos sob seus próprios sistemas constitucionais" (KELLER, 2017b, p. 153).

3.1. Argentina: "La Importancia del Rol que Desempeñan los Motores de Búsqueda en el Funcionamiento de Internet Resulta Indudable"[97]

Dos países selecionados para analisar como as autoridades competentes têm decidido questões relacionadas ao "direito ao esquecimento" na América Latina, foi a *Corte Suprema de Justicia de la Nación* (Suprema Corte de Justiça da Nação) da Argentina que proferiu a primeira decisão sobre o assunto, em outubro de 2014,[98] analisando de maneira aprofundada a questão da responsabilidade civil dos intermediários da internet, por conteúdo gerado por terceiros. A decisão é particularmente importante, considerando a ausência de lei nacional promulgada que regule esta responsabilidade (PAVLI, 2014), embora se tenha notícias de que estão em discussão dois projetos de lei, nºˢ 8372-D[99] e 5771-D-2016[100], que tratam do assunto (ARTIGO 19, 2017, p. 18).[101]

---

[97] Tradução livre de: "a importância do papel desempenhado pelos motores de busca no funcionamento da internet é indubitável" (ARGENTINA, 2014, p. 5).

[98] ARGENTINA. *Corte Suprema de Justicia de la Nación* (Corte Suprema de Justiça da Nação). Caso R. 522. XLIX. Rodríguez, María Belén *el Google Inc. si daños y perjuicios*. Julgado em 28.10.2014.

[99] ARGENTINA. Projeto de Lei nº 8372-D-2014. Disponível em <http://www1.hcdn.gov.ar/proyxml/expediente.asp?fundamentos=si&numexp=8372-D-2014> Acesso em 23.10.2017.

[100] ARGENTINA. Projeto de Lei nº 5771-D-2014. Disponível em <http://www.hcdn.gob.ar/proyectos/textoCompleto.jsp?exp=5771-D-2016&tipo=LEY> Acesso em 23.10.2017.

[101] O PL 8372-D "é bastante direto e afirma que as pessoas podem notificar provedores de ferramentas de busca para a retirada de resultados que exponham dados pessoais, desde que tal retirada não afete terceiro ou fatos de interesse público", sem, no entanto "especifica[r] o que seria uma retirada que afeta terceiro ou quais seriam os fatos de interesse público, deixando para os próprios provedores e, posteriormente, ao judiciário a responsabilidade

Ambos os projetos de lei podem ser considerados controversos. O primeiro em razão da ausência de definições claras em relação à exceção do interesse público, e o segundo diante da delegação ao provedor de busca da internet para que decida o conflito em situações específicas. O projeto de lei nº 8372-D-2014 justifica sua relevância a partir do caso González, indicando que tem precedência a partir do referido julgamento, tendo como objetivo oferecer uma proteção aos usuários da internet. Quanto ao projeto 5771-D-2016, o mesmo é uma resposta à decisão da Suprema Corte Argentina no caso María Belén *vs.* Google, que será analisado a seguir, para determinar as hipóteses que o provedor de busca poderá ser demandado extrajudicialmente a retirar determinados conteúdo.

No entanto, há um outro projeto de lei que foi aprovado pelo Senado em novembro de 2016, que foi bastante celebrado. O projeto nº 2668-D-2012[102], proposto pelo Deputado Federico Pinedo, prevê a isenção de responsabilidade dos intermediários da internet pelo conteúdo gerado por terceiros. De forma similar ao previsto pelo Marco Civil da Internet,[103] aqueles apenas deverão proceder com a desindexação do conteúdo mediante uma ordem

---

de julgar se o conteúdo deve, ou não, ser "esquecido" (ARTIGO 19, 2017, p. 18). No que diz respeito ao PL 5771-D-2016, o mesmo é ainda mais problemático, uma vez que "prevê a institucionalização do "direito ao esquecimento", em que os provedores ficariam responsáveis pela retirada de conteúdos ilícitos de seus sistemas atendendo a requisições extrajudiciais (...)" (ARTIGO 19, 2017, p. 18).

[102] ARGENTINA. Projeto de Lei nº 2668-D-2012. Disponível em <http://www.hcdn.gob.ar/proyectos/textoCompleto.jsp?exp=2668-D-2012&tipo=LEY> Acesso em 23.10.2017.

[103] Artigo 19 do Marco Civil da Internet: "Com o intuito de assegurar a liberdade de expressão e impedir a censura, o provedor de aplicações de internet somente poderá ser responsabilizado civilmente por danos decorrentes de conteúdo gerado por terceiros se, após ordem judicial específica, não tomar as providências para, no âmbito e nos limites técnicos do seu serviço e dentro do prazo assinalado, tornar indisponível o conteúdo apontado como infringente, ressalvadas as disposições legais em contrário.

§ 1º A ordem judicial de que trata o caput deverá conter, sob pena de nulidade, identificação clara e específica do conteúdo apontado como infringente, que permita a localização inequívoca do material.

§ 2º A aplicação do disposto neste artigo para infrações a direitos de autor ou a direitos conexos depende de previsão legal específica, que deverá respeitar a liberdade de expressão e demais garantias previstas no art. 5º da Constituição Federal.

§ 3º As causas que versem sobre ressarcimento por danos decorrentes de conteúdos disponibilizados na internet relacionados à honra, à reputação ou a direitos de personalidade, bem como sobre a indisponibilização desses conteúdos por provedores de aplicações de internet, poderão ser apresentadas perante os juizados especiais.

judicial que assim determine.[104] Assim como no Brasil, a propositura de diversos projetos de leis que versam sobre temas relacionados ao "direito ao esquecimento" evidenciam a dificuldade sobre o assunto, e o risco de que sejam incorporadas disposições que não fazem um correto balanço com outros direitos fundamentais. Ainda, aqueles fazem expressa referência ao caso González em suas justificativas, sem que as exceções do julgamento sejam incorporadas, acabando por estabelecer hipóteses de remoção ou desindexação genéricas.

O caso sobre "direito ao esquecimento" julgado pela Suprema Corte argentina envolveu a ex-modelo Maria Belén Rodriguez, que ajuizou uma ação indenizatória em face do Google Inc. e do Yahoo da Argentina SRL, requerendo que os provedores de busca desvinculassem do seu resultado de pesquisa *links* e imagens que a associassem a *sites* pornográficos. O tema sobre o "direito ao esquecimento" já vinha sendo debatido nas instâncias inferiores, em que atrizes, modelos e atletas ajuizaram quase que duzentas ações em face das empresas Google e Yahoo, para que procedessem com a desindexação (CARTER, 2013, p. 23).

O caso de Maria Belén tratou de uma ação indenizatória ajuizada por ela em face do Google Inc., tendo a empresa Yahoo de Argentina SRL (Yahoo) sido incluída no polo passivo posteriormente, onde a autora sustentava que os resultados retornados de uma pesquisa feita em seu nome nos respectivos provedores de busca violavam sua reputação, privacidade e seu direito à imagem, uma vez que, quando seu nome era pesquisado, eram retornados da busca *sites* e imagens de conteúdo erótico e pornográfico. Alegou-se, ainda, que as empresas estariam fazendo uso comercial e não autorizado de sua imagem, ao trazer em seus resultados suas cópias em formato de *thumbnails*.[105] Ao final, a autora requereu que (i) não fosse mais feito uso

---

§ 4° O juiz, inclusive no procedimento previsto no § 3°, poderá antecipar, total ou parcialmente, os efeitos da tutela pretendida no pedido inicial, existindo prova inequívoca do fato e considerado o interesse da coletividade na disponibilização do conteúdo na internet, desde que presentes os requisitos de verossimilhança da alegação do autor e de fundado receio de dano irreparável ou de difícil reparação".

[104] Notícia veiculada no site do Senado Argentino. Disponível em <http://www.parlamentario.com/noticia-96352.html> Acesso em 19.08.2017.

[105] Os *thumbnails*, de acordo com a defesa do Google apresentada no caso, seriam "uma cópia reduzida, tanto em *pixels* (resolução) com em *bytes* (tamanho do arquivo), da imagem original existente na página encontrada [...] com expressa referência e ligação (*links*) com o sítio *web* de onde ele se localiza [...]. Isto é realizado pelo motor de busca para que a visualização em

de tais imagens, (ii) cessasse a vinculação do seu nome aos referidos *sites*, e (iii) as empresas indenizassem a ex-modelo pelos danos causados.

Em primeira instância, foi considerado que o Google Inc. e o Yahoo teriam sido negligentes ao serem notificados por Maria Belén e não terem realizado a desindexação de *sites* e fotos que a associassem a conteúdo considerado "nocivo e ilegal", prejudicando os direitos da personalidade da autora. Ambas as empresas foram condenadas a indenizar a ex-modelo, além de ter sido determinada a "eliminação definitiva das vinculações ao nome, imagem e fotografia da autora nos sites e atividades de conteúdo sensual, erótico e/ou pornográfico."[106]

Todas as partes apresentaram recurso para a segunda instância (*Cámara Nacional de Apelaciones en lo Civil*), que reformou parcialmente a sentença para (i) julgar a demanda improcedente em relação ao Yahoo Argentina, (i) reduzir o valor da indenização em relação ao Google, (iii) manter a condenação desta empresa em relação à difusão dos *thumbnails*, diante da ausência de consentimento da ex-modelo para o uso de tais imagens, e (iv) afastou a responsabilidade objetiva imposta aos provedores de busca da internet (especificamente, a teoria do risco) aplicada pela primeira instância, para defender que os intermediários apenas seriam responsáveis pelo conteúdo publicado por terceiros quando fossem notificados judicialmente, ou por uma autoridade competente, a retirarem o conteúdo declarado ilegal, e assim não o fizessem. No entanto, no que diz respeito a este último item, abriu-se uma exceção para esta forma de notificação, conforme se evidenciará mais adiante, onde o particular ofendido poderá pleitear diretamente ao intermediário a remoção do conteúdo, quando este for capaz de causar um dano manifesto e grosseiro ao requerente, de acordo com as hipóteses elencadas pelo Tribunal (PAVLI, 2014).

---

miniatura das imagens originais sejam uma referência para o usuário da Internet, que se pretender ver aquela será direcionado à página *web* de terceiros onde se encontra alojada" (ARGENTINA, 2014, p. 18). Tradução livre de: "copia reducida, tanto en píxeles (resolución) como en bytes (tamaño del archiva), de la imagen original existente en la página encontrada [...] con expresa referencia y ligazón (links) al sitio web donde ella se ubica [...]. Ello es realizado por el motor de búsqueda para que las vistas miniaturizadas de la imagen original sean una referencia para el usuario de Internet, quien si pretende ver aquélla será direccionado a la página web del tercero en donde se encuentra alojada".

[106] Tradução livre de: "la eliminación definitiva de las vinculaciones del nombre, imagen y fotografias de la actora con sitios y actividades de contenido sexual; erótico y/o pornográfico"

Os direitos em conflito, típicos em demandas que envolvem o "direito ao esquecimento", eram a liberdade de expressão e de informação aplicado ao âmbito da internet, e o direito à honra e à imagem de Maria Belén. A Suprema Corte destacou a importância dos provedores de pesquisa da internet na difusão de informação, sendo curioso, apenas, que um trecho do julgamento do TJUE no caso González tenha sido utilizado para reforçar este argumento, considerando que a Suprema Corte argentina adotou um posicionamento contrário ao do Tribunal. No mais, na perspectiva da Suprema Corte, os provedores oferecem um serviço que busca conteúdos publicados na internet a partir da indicação de poucas palavras (*search words*) inseridas pelo usuário, funcionando como uma ferramenta técnica que auxilia o acesso ao conteúdo desejado a partir das referências indicadas. Foi apontado que, na ausência de legislação específica sobre a responsabilidade dos provedores, diversos países têm resolvido este tipo de conflito a partir dos princípios gerais do instituto da responsabilidade civil.

Após apontar leis promulgadas em diferentes países que isentaram os provedores da vigilância de conteúdo publicado por terceiros,[107] e ao apresentar manifestações de ONGs defendendo a não responsabilização dos intermediários nestas hipóteses, foi reconhecida a impossibilidade de se aplicar o regime da responsabilidade objetiva aos intermediários, sob pena de causar uma ameaça à liberdade de expressão. Isto significaria que os provedores de aplicação poderiam ser responsáveis pela mera veiculação do conteúdo, sem que tivessem praticado qualquer conduta culposa, podendo ser responsabilizados, independentemente de ter havido uma notificação do ofendido, ou até mesmo de uma autoridade competente, requerendo a remoção.

Após reconhecer que a internet é um "meio que permite que bilhões de pessoas em todo o mundo expressem suas opiniões", além de "aumenta[r] significativamente a capacidade de acesso à informação e fomenta[r] o pluralismo e a divulgação de informação", o relator fez a seguinte ponderação

---

[107] A Suprema Corte argentina fez referência expressa ao artigo 18 do Marco Civil da Internet (que trata dos provedores de conexão, que dão acesso à rede) ao analisar a questão sobre a responsabilidade civil dos intermediários. No entanto, conforme indicado por Carlos Affonso Souza, teria sido mais adequada a citação do artigo 19, uma vez que este dispositivo se refere à responsabilidade dos provedores de aplicação (pesquisa, hospedagem, redes sociais, etc), como é o caso do Google e Yahoo (SOUZA, 2014).

em relação à responsabilização dos provedores de busca da internet por conteúdo gerados por terceiros:

> Responsabilizar os "buscadores" – como princípio – por conteúdos que não criaram equivaleria a condenar a biblioteca que, através de seus ficheiros e catálogos, tem permitido a localização de um livro de conteúdo danoso, sob o pretexto de que haveria "facilitado" o dano. Além disso, a condenação seria injusta, e muito provável que este critério "objetivo de responsabilidade terminaria fechando muitas bibliotecas, com um grande prejuízo aos leitores" (ARGENTINA, 2014, p. 13) [108].

Neste cenário, a Suprema Corte optou pela aplicação da responsabilidade subjetiva dos provedores de busca, o que significa que os mesmos só responderão por culpa se tomarem efetivo conhecimento da ilicitude do conteúdo e não atuarem de maneira diligente para bloqueá-lo. Este entendimento reflete uma tendência nas leis e práticas de países democráticos em "limitar a responsabilidade dos intermediários de maneira geral ou apenas quando tomam "efetivo conhecimento" da violação de direitos de terceiros" (PAVLI, 2014)[109].

Para responder o que constitui este "efetivo conhecimento", a Corte ponderou se seria suficiente que o ofendido realizasse uma notificação extrajudicial aos buscadores ou, ao contrário, se seria exigida que a questão fosse avaliada previamente pelo judiciário ou por uma autoridade competente. Diante da ausência de uma legislação específica, buscou-se estabelecer uma regra que distinguisse nitidamente os casos em que o dano fosse considerado "manifesto e grosseiro" daqueles em que o dano fosse "opinável, duvidoso ou exigisse algum tipo de esclarecimento", para estabelecer o que constituiria este "efetivo conhecimento".

No primeiro caso, a Corte elencou uma série de conteúdos considerados "manifestamente grosseiros", tendo considerado que a mera exposição dos

---

[108] Tradução livre de: "responsabilizar a los "buscadores" - como principio - por contenidos que no han creado, equivaldría a sancionar a la biblioteca que, a través de sus ficheros y catálogos, ha permitido la localización de un libro de contenido dañino, so pretexto que habría "facilitado" el daño. Más allá de que la sanción sería injusta, es muy probable que e seguirse ese criterio "objetivo de responsabilidad- terminarán cerrándose muchas bibliotecas, con gran perjuicio de los lectores"".

[109] Tradução livre de: "limit the liabilities of intermediaries, either altogether or at least insofar as they have no "effective knowledge" of third-party violations"

mesmos constituiria um ilícito civil e/ou penal. Nestes casos, bastaria que o indivíduo lesado notificasse privadamente o intermediário para que ele retirasse do seu índice de pesquisa tais conteúdos, não sendo necessário qualquer esclarecimento ou valoração pelo judiciário, ou pela autoridade competente. Os conteúdos elencados, presumidamente ilícitos, são aqueles que expõem dados sobre (i) pornografia infantil, (ii) que facilitem o cometimento de delitos ou que o instruam, colocando em risco a vida e a integridade física de alguma ou muitas pessoas, (iii) apologia ao genocídio, racismo ou qualquer tipo de discriminação que incite violência, (iv) informações sobre uma investigação judicial que corra em segredo de justiça, (v) lesões deliberadas à honra; (vi) montagem de imagens notoriamente falsas ou que, de forma clara e indiscutível, importe em violação grave à privacidade, e que por sua natureza devem ser inquestionavelmente privadas, embora não sejam necessariamente de conteúdo sexual (ARGENTINA, 2014, p. 16).

No entanto, de forma um pouco controversa, a Suprema Corte Argentina entendeu que, em casos onde o conteúdo importe em eventuais lesões à honra, ou lesões de outra natureza, que exijam um maior esclarecimento, será exigido que a controvérsia seja submetida ao judiciário ou à autoridade competente para que a mesma seja melhor delineada e esclarecida. Portanto, nestas hipóteses, não será suficiente que o particular notifique a empresa para que a mesma proceda com a retirada do conteúdo de suas chaves de pesquisa, sendo exigida uma análise mais profunda, que só poderá ser feita diante daquelas autoridades (ARGENTINA, 2014, p. 16).

A dúvida em relação a este posicionamento é justamente a definição de quais casos se enquadrarão nesta hipótese, e quais que deverão ser consideradas como uma "lesão deliberada à honra". Ou seja, em que hipóteses o provedor de busca deverá atender a uma notificação particular para retirada de conteúdo, e quando deverá proceder com a remoção diante de uma ordem judicial ou de autoridade administrativa competente que assim determine. A ausência de diferenciação destas situações pode causar algumas consequências. Como Carlos Affonso Souza aponta, a exceção referente às lesões deliberadas à honra fez com que permanecesse "o perigo de que o julgamento sobre a ilicitude de conteúdo postado *online* seja extremamente subjetivo", e que "dependendo de como caminharem as decisões futuras, essa abertura concedida pelo Tribunal poderia mesmo transformar a exceção em regra" (SOUZA, 2014).

A questão sobre a responsabilidade dos provedores foi decidida de maneira unânime pela Corte. No entanto, esta se viu dividida para resolver duas outras questões: (i) a violação dos direitos autorais de Maria Belén por conta dos *thumbnails*, e (ii) o pedido da ex-modelo para que os provedores de busca adotassem um sistema de filtragem que prevenisse associações da imagem da autora a *sites* pornográficos.

No que diz respeito à primeira questão, as instâncias inferiores haviam condenado o Google a pagar uma indenização pelo uso indevido das imagens da ex-modelo no formato *thumbnails*, pois consideraram que a mesma não havia dado consentimento para tanto. No recurso interposto pelo Google perante a Suprema Corte, alegou-se que o mesmo entendimento firmado em relação à responsabilidade do serviço prestado pelo buscador em sua pesquisa por texto deveria ser aplicado na pesquisa por imagem, pois em ambos os casos a empresa não selecionava o conteúdo criado por terceiros, apenas o reunia em seu resultado de pesquisa. Este argumento foi acolhido pelo relator, que reverteu o acórdão do Tribunal para reconhecer que o Google não havia reproduzido indevidamente as imagens da autora, aplicando-se, portanto, o mesmo entendimento estabelecido para a função dos provedores de busca quando pesquisavam texto.

No voto vencido, dois ministros da Suprema Corte entenderam que, diante da ausência de consentimento da ex-modelo para a publicação de suas imagens, os provedores de busca deveriam indenizá-la, conforme determina o artigo 31 da lei 11.723 (Lei de Propriedade Intelectual da Argentina)[110], que prevê a necessidade de haver consentimento expresso da pessoa autorizando a publicação de sua imagem. A única exceção para esta hipótese é quando há um interesse geral que deve prevalecer sobre o direito individual, que, segundo os ministros, não seria aplicável ao caso concreto.

Quanto à outra questão, Maria Belén recorreu da decisão da segunda instância, uma vez que o Tribunal havia reformado a decisão do magistrado de primeira instância que havia condenado o Google a eliminar de maneira definitiva a vinculação do nome, imagem e fotografia da ex-modelo a *sites* que expusessem conteúdo sexual, erótico e/ou pornográfico

---

[110] Artigo 31, da lei 11.723: "Es libre la publicación del retrato cuando se relacione con fines científicos, didácticos y en general culturales, o con hechos o acontecimientos de interés público o que se hubieran desarrollado en público."

(ARGENTINA, 2017, p 19). O Tribunal havia decidido que, caso os provedores de busca estabelecessem filtros para evitar que determinados resultados retornassem da pesquisa feita em nome da ex-modelo, dois problemas ocorreriam. O primeiro é que o filtro poderia pecar ou pelo excesso, abarcando páginas de conteúdo homônimos, ou por defeito, pois não identificaria conteúdo similares, diante do uso de expressões distintas para se referir a um mesmo conteúdo.

O que a autora buscava, portanto, era a possibilidade de que fosse estabelecida uma tutela preventiva, com o objetivo de se evitar que a difusão da informação lesasse seus direitos da personalidade. A Suprema Corte argentina, à luz do que estabelece a Convenção Americana sobre Direitos Humanos, e a jurisprudência daquela Corte, entendeu que não seria possível exigir o estabelecimento deste filtro, pois isto implicaria uma responsabilização prévia e um abuso da liberdade de expressão, sendo que esta responsabilização só poderia ser feita posteriormente à prática do ato. Portanto, a Suprema Corte, por maioria,[111] entendeu que não seria possível a implementação destes filtros, salvo em hipóteses excepcionais, conforme jurisprudência da Corte,[112] uma vez que isto significaria uma censura prévia.

Como consequência da impossibilidade da implementação de tal filtro, a vítima do dano deveria indicar ao intermediário, de forma precisa, a localização do conteúdo considerado danoso (seja por meio da indicação do URL do *site* onde o conteúdo foi publicado, seja por qualquer outra forma que identifique de maneira clara e precisa a localização da página). Esta posição da Corte é importante, diante da imprecisão destes filtros genéricos que "são difíceis de implementar, sob uma perspectiva técnica, pois tem uma tendência a estender o bloqueio para conteúdos legítimos,

---

[111] No voto vencido, os Ministros da Suprema Corte entenderam que seria justificável o estabelecimento de uma tutela preventiva, que se efetivaria mediante a implementação de tal filtro, para evitar que no futuro fossem causados danos aos direitos da personalidade da ex-modelo (ARGENTINA, 2014, p. 43-48).

[112] Conforme indica o Relator, a exceção foi estabelecida no precedente de Fallos 324:975, em que a censura prévia foi permitida para evitar a publicação, em um jornal de grande circulação, do nome de um menor que havia ajuizado uma ação de reconhecimento de paternidade em face de seu suposto pai (ARGENTINA, 2014, p. 21).

e tornam os provedores de busca o árbitro do que pode ser considerado como discurso legítimo" (PAVLI, 2014)[113].

Pode-se afirmar que a Suprema Corte argentina,

> Buscou alcançar um equilíbrio entre a tutela da liberdade de expressão e dos direitos da personalidade ao afirmar que os provedores de pesquisa não são responsáveis pelo conteúdo que indexam, salvo se não cumprirem ordem judicial que determine sua remoção, ou não atuem depois de ter ciência inequívoca de material flagrantemente ilícito (ainda que por via de notificação privada) (SOUZA, 2014).

O julgamento da Suprema Corte argentina ganhou relevância não apenas por ter sido a primeira decisão a tratar sobre o tema na América Latina, garantindo um "alto nível de proteção à livre circulação de informação e ideias *online*" (PAVLI, 2014), mas também porque acabou apontando para um terceiro modelo de regulação global sobre a responsabilidade civil dos intermediários. Junto com o Marco Civil da Internet brasileiro,[114] o modelo argentino estaria entre o modelo americano (que praticamente garante imunidade aos intermediários em relação ao conteúdo postado por terceiros, com exceção à violação de direitos autorais, regulado por um regime separado de *notice and takedown*) e o modelo europeu, sendo mais próximo daquele, por ser mais favorável à livre expressão do que este (que garante um modelo mais permissivo para o uso privado de *notice and takedown*) (PAVLI, 2014).

Outro destaque para a importância deste julgamento é que ele expressamente rejeita o precedente firmado no caso González. Trechos desta decisão foram citados pelo voto vencedor, mas também pelo voto vencido, neste último caso para reconhecer a possibilidade de realizar a desvinculação

---

[113] Tradução livre de: "This is an important point because such filtering systems are difficult to implement from a technical perspective, have a tendency to result in overblocking of legitimate content, and make search engines the arbiter of lawful speech".

[114] Pode-se falar que o STJ encontra-se na sua terceira onda de interpretação do Marco Civil da Internet, no que diz respeito ao artigo 19, que trata da responsabilização dos provedores de aplicação. Atualmente, o STJ exige que aquele que requer a retirada de conteúdo deverá identificar todos os URLs das páginas que contêm a ofensa, de maneira individualizada, e não de forma genérica. Além disso, apenas surge o dever de retirada do provedor após uma decisão judicial que imponha a remoção, não sendo suficiente a notificação extrajudicial, salvo nas hipóteses previstas pela lei (MUNIZ, 2017).

entre uma pessoa e determinados resultados que retornem de uma busca do seu nome realizada pelo provedor. Além disso, em nenhum momento da decisão há a utilização do termo "direito ao esquecimento" como uma consequência do que foi decidido, preferindo-se termos como "desvinculação" ou "enlace", mesmo quando o caso González é expressamente citado.

Diferentemente do caso europeu, a lei que trata sobre a proteção de dados pessoais argentina (Lei n. 25.326) sequer foi citada, tendo-se notícias de que o seu uso para pedidos fundamentados no "direito ao esquecimento" é ainda incipiente, e por isso a mesma tem sido parcialmente utilizada nestes casos (ARTIGO 19, 2017, p. 19). No entanto, como aponta a ONG Artigo 19, a sua utilização não "seria a mais adequada para tanto, já que o direito não se refere ao cancelamento ou remoção dos dados pessoais, mas ao balanceamento entre o direito à privacidade e à liberdade de expressão sobre determinado conteúdo referente a um indivíduo" (ARTIGO 19, 2017, p. 19).

Portanto, seu uso poderia até fragilizar a discussão, "pois não adentra[ria] nas questões relativas à liberdade de expressão e comunicação, fundamentais para a discussão do 'direito ao esquecimento'" (ARTIGO 19, 2017, p. 19). Ainda, não há qualquer menção pelos Ministros daquela lei, tampouco as partes fundamentaram seus recursos na referida legislação. Ao contrário, a questão foi resolvida mediante a aplicação de direitos já existentes na legislação nacional (direitos da personalidade, como direito à honra, imagem e privacidade), e como afirmado pela própria Corte, a partir de princípios gerais da responsabilidade civil, diante do vácuo legislativo existente sobre o assunto. Assim, a Suprema Corte afastou a tese aplicada no caso González, baseada na ausência de consentimento para o contínuo tratamento de dados pessoais realizado pelos provedores,[115] valendo-se de outros institutos já previstos pelo seu ordenamento para resolver a questão.

Estas diferenças afastam ainda mais o precedente latino daquele europeu. Embora se tenha notícias de que as instâncias inferiores têm julgado casos semelhantes de maneira diferente da forma decidida pela Suprema Corte,[116] em dezembro de 2014, a Suprema Corte argentina analisou um

---

[115] Muitas críticas foram dirigidas à decisão do TJUE no caso González, diante da existência de uma legislação específica da União Europeia que trata da responsabilidade civil dos provedores de aplicação (2000/31 EC). Neste sentido ver KELLER, 2017b.

[116] Conforme noticia a ONG Artigo 19: "Além da procedência do caso da modelo, um caso envolvendo o secretário da Universidade de la Matanza denota este caráter pró esquecimento.

caso semelhante ao ora tratado, que também cuidava de um pedido de uma ex-modelo (Da Cunha *vs.* Yahoo Argentina SRL e outros[117]), em que foi mantido o mesmo entendimento do primeiro caso. Ainda, recentemente, esta mesma Corte reiterou seu entendimento nestes julgamentos, no caso *Gimbutas, Carolin Valeria vs. Google Inc.*, julgado em 12 de setembro de 2017.[118]

É interessante destacar que, nesta oportunidade, a autora da ação, também uma modelo, fundamentou seu pedido na legislação de proteção de dados pessoais, requerendo que fossem eliminados dos arquivos digitais do Google informações como o seu nome, sobrenome e imagem pessoal, pois, segundo apontava, o provedor os utilizava sem o seu consentimento prévio. Segundo o voto do Ministro relator, a modelo havia dado seu consentimento originariamente aos editores responsáveis pelas fotos (artigos 31 da lei 11.723 e 55 do Código Civil e Comercial), e por isso, se a mesma desejasse revogar sua autorização, deveria se voltar contra aqueles, e não contra o provedor, que seria um mero intermediário na disponibilização ao público de suas imagens. Logo, a Corte destacou que, mesmo que a legislação de proteção de dados pessoais fosse aplicada ao caso, isto não alteraria a sua resolução, pois a modelo já havia dado seu consentimento previamente, além de o provedor ter obtido os dados a partir de fontes de informação públicas e de acesso irrestrito.

Esta decisão é importante, pois evidencia que a Suprema Corte argentina tem mantido sua interpretação sobre o assunto, garantindo a segurança e previsibilidade das decisões judiciais. No âmbito das publicações

---

Na ocasião, diversos sites e blogs cri- ticavam o comportamento do secretário frente aos estudantes, apresentando um histórico de autoritarismo e truculência. Assim, ele ingressou com uma ação contra o Google para desvincular seu nome desses sites no buscador. O Tribunal reconheceu o direito do secretário ao esquecimento, afirmando que as informações disponibilizadas atingiam a honra do autor. As informações envolvendo o secretário deveriam ser estritamente profissionais" (ARTIGO 19, 2017, p. 19). O caso descrito pode ser achado no seguinte link: <http://www.lanacion.com.ar/1725758-fallan-contra-google-debe-dejar-de-listar-paginas-sobre-el-secretario-general-de-la-universidad-de-la-matanza>

[117] Para analisar o caso, ver OPEN SOCIETY FOUNDATIONS. **Da Cunha v. Yahoo de Argentina SRL and Another.** Open Society Foundations, 19 de jan. de 2015. Disponível em <https://www.opensocietyfoundations.org/litigation/da-cunha-v-yahoo-de-argentina-srl-and-another> Acesso em 03.08.2017.

[118] Decisão disponível em <http://www.cij.gov.ar/nota-27571-La-Corte-Suprema-reafirma-su-doctrina-en-materia-de-responsabilidad-de-los-buscadores-de-internet.html> Acesso em 23.09.2017.

ocorridas na internet, esta previsibilidade é importante, em razão da possível fragilização que as liberdades de expressão e de informação podem sofrer com a chegada do "direito ao esquecimento". No entanto, cabe acompanhar não apenas como o assunto irá continuar a se desenvolver no âmbito do judiciário nas instâncias inferiores, mas também no legislativo. No mais, é curioso que a Corte Constitucional colombiana tenha alcançado conclusão similar à da Corte argentina ao isentar os provedores de busca de responsabilidade pelo conteúdo gerado por terceiro, optando, no entanto, por onerar diretamente os responsáveis pela publicação.

3.2. Colômbia: "Atribuir Responsabilidad a Quienes Prestan Estos Servicios, por lo General Actores Privados, Podría Afectar la Neutralidad de Internet y sus Principios de no Discriminación y Acceso en Condiciones de Igualdad"[119]

A Corte Constitucional Colombiana, em 12.05.2015, enfrentou o tema do "direito ao esquecimento" pela primeira vez no caso Gloria *vs.* Casa Editorial El Tiempo (Sentença T-277/15).120 O caso envolveu um pedido de Gloria para que fosse removida da internet determinada notícia publicada no jornal *El Tiempo*, diante da alegação de que seus direitos ao bom nome, à intimidade e ao devido processo legal estariam sendo violados. A notícia publicada no referido periódico expunha que Gloria teria praticado o crime de tráfico de pessoas, embora a mesma nunca tivesse sido efetivamente declarada culpada, devido à prescrição da ação penal. Ainda, o fato de a notícia ter sido indexada pelo Google agravava o dano que ela estava sofrendo e a violação aos seus direitos.

Segundo Gloria, no ano de 2000, a mesma trabalhava em uma agência de viagens na qualidade de vendedora, e emitia e vendia passagens áreas a um comprador, que estava envolvido com uma rede de tráfico de pessoas. Em razão destas transações, Gloria havia sido vinculada ao processo penal que investigava este crime, embora a mesma não tivesse sido condenada pela justiça. A Casa Editorial *El Tiempo* fez uma matéria sobre o

---

[119] Tradução livre: "atribuir responsabilidade a quem presta estes serviços, em geral os atores privados, poderia afetar a neutralidade da Internet e seus princípios de não discriminação e acesso em condições de igualdade" (COLOMBIA, 2015).

ocorrido, intitulada como a "Empresa Branca de Tráfico" (*Empresa de Trata de Blancas*), relatando que, logo após a interceptação da comunicação dos suspeitos, foi descoberto o que parecia ser uma rede de tráfico de pessoas, dedicada a recrutar mulheres na Colômbia para enviá-las a outros países para realizar trabalho sexual. A notícia divulgava o nome de 16 (dezesseis) pessoas, entre eles o nome da autora, que teriam sido presas e acusadas de cometer o delito de tráfico de pessoas. A fonte da notícia foram as próprias autoridades que investigaram o crime, e a matéria se limitou a informar o ocorrido, não tendo sido emitidas opiniões pessoais, tampouco fornecidos dados falsos aos leitores.

Segundo a autora, a divulgação deste fato, por meio de notícia disponibilizada pelo jornal *El Tiempo* em seu *site*, não teria veiculado o resultado final do julgamento. Esta situação teria causado traumas à autora e à sua família, prejudicando o desenvolvimento de suas atividades diárias, como atividades perante instituições financeiras, e até mesmo na busca por trabalho. Embora tenha notificado o periódico *El Tiempo* para que a referida matéria fosse removida de seu *site*, aquele se negou a assim fazê-lo, alegando a veracidade e imparcialidade da notícia. Diante da negativa, a autora da demanda requereu a condenação da Casa Editorial *El Tiempo*, para que excluísse a referida notícia de todos os motores de busca disponíveis, e, especificamente, ao Google.com, que deixasse de indexar qualquer informação negativa relacionada à sua suposta participação no crime de tráfico de pessoas.

Em primeira instância, diante da presunção de inocência da autora, o jornal foi condenado a publicar uma retificação para informar o resultado da ação penal, uma vez que não havia informação sobre o resultado final da demanda. Desta forma, entendeu-se que estaria sendo garantido o direito à dignidade e ao bom nome de Gloria. Logo, o pedido original da autora para que fosse eliminada a informação do *site* não fora acolhido, tendo o magistrado determinado que o periódico apenas retificasse a notícia publicada há dez anos, pois, embora o veículo de imprensa tivesse conhecimento de que a autora não havia sido condenada, nada havia sido feito em relação a esta nova informação.

A autora recorreu da sentença, uma vez que não desejava a retificação da informação, e sim a sua eliminação. O Tribunal acolheu tal pedido, reformando-se a sentença para determinar que o *El Tiempo* eliminasse de seu portal da internet toda informação negativa relacionada à investigação contra Gloria, destacando que o direito à liberdade de expressão do meio de comunicação não era absoluto. Registrou-se que o fato noticiado apenas se referia à prisão de Gloria, e não ao resultado da ação penal, e que a retificação da informação não satisfaria os direitos da demandante.

O jornal *El Tiempo* recorreu da referida decisão, submetendo a questão à Corte Constitucional. Apenas neste momento a empresa Google Colômbia Ltda. foi citada, quando apresentou sua defesa, onde, entre outros argumentos, sustentou que o periódico seria o verdadeiro responsável pela publicação, e o mesmo poderia decidir o que poderia ou não ser indexado pelos motores de pesquisa, por meio da implementação de um mecanismo tecnológico chamado *"robots.txt"*. Assim, diante da decisão do Tribunal para que fosse realizada a eliminação do conteúdo, não havia mais como a notícia aparecer nos resultados dos motores de pesquisa, perdendo o objeto do recurso em relação à empresa.

Assim como ocorreu na Argentina, e também no caso do Brasil (como se verá no quarto capítulo deste trabalho), foi realizada uma audiência pública reunindo diversas instituições para opinarem sobre o "direito ao esquecimento". Este fato ressalta não apenas a importância do assunto, mas as dificuldades inerentes a ele, e o reconhecimento pelos Tribunais Superiores da necessidade de conhecer o debate que está sendo travado não só na academia, mas também na sociedade civil. Isto porque o "direito ao esquecimento" não trata apenas de uma questão jurídica, mas envolve uma nova realidade que foi alterada com o advento das novas tecnologias, e em especial, pela chegada da internet.

Para melhor analisar o caso, a Corte Constitucional entendeu que teria de enfrentar as seguintes controvérsias: (i) analisar se a notícia publicada pelo *El Tiempo* em seu portal da internet poderia ser considerada incompleta, violando os direitos de Gloria ao bom nome, à intimidade e ao devido processo legal, pois ausente a informação de que a mesma não havia sido condenada, em razão da prescrição da ação penal; (ii) se a indexação da notícia do *El Tiempo* nos buscadores de pesquisas viola os direitos fundamentais da autora; (iii) e, caso se confirme as duas questões acima indicadas, deve ser estabelecido qual seria o remédio constitucional cabível para reparar a lesão às garantias fundamentais comprometidas, em relação às liberdades de expressão, informação e imprensa.

Como já comentado no início deste capítulo, o que tem chamado atenção nas decisões da América Latina é que as Cortes estão se preocupando em aplicar institutos que já existem no conjunto de regras nacionais para resolver os conflitos relacionados à publicidade de informações disponibilizadas na internet, sem que seja necessário invocar o nome "direito ao esquecimento" para resolver a questão. Neste caso colombiano, por exemplo, afastou-se a aplicação do *habeas data*, pois entendeu-se que não seria possível fundamentar um pedido de conhecer, retificar ou atualizar informações de bancos de dados de informações jornalísticas ou de conteúdo editorial. Por este motivo, a Corte expressamente determinou que o caso fosse analisado à luz dos direitos à honra, ao bom nome e à dignidade da pessoa humana, assim como das liberdades de informação e de expressão da imprensa.

Em relação à primeira pergunta a ser respondida pela Corte Constitucional, foi confirmada a violação aos direitos fundamentais da autora, diante da ausência de atualização da notícia sobre sua participação do crime de tráfico de pessoas. Destacou-se que, embora não se pudesse afirmar que a informação não era veraz ou imparcial no momento da publicação, uma vez que a mesma descrevia de forma sucinta os fatos, de acordo com o relato das autoridades, sem a manifestação de uma opinião pessoal do jornal, o periódico mesmo assim havia fornecido aos seus leitores "dados falsos". Isto porque, para a Corte, a notícia estaria incompleta, diante da não inclusão pelo jornal, posteriormente, da atual situação jurídica de Gloria.

Diferentemente do que tem sido aplicado nas decisões que tratam sobre o "direito ao esquecimento", a Corte Constitucional Colombiana entendeu que o fato de a notícia estar constantemente acessível na internet faz com que a mesma deva ser constantemente atualizada, criando uma obrigação para a mídia de manter esta atualização. Este dever, no entanto, se restringe apenas às matérias sobre ações e investigações penais e fatos delitivos, havendo um dever específico da mídia, mais rigoroso, no momento da publicação quando uma matéria tratar do assunto, especialmente em relação à veracidade dos fatos e à imparcialidade do jornalista, principalmente quando se sabe que há uma ação judicial em tramitação. A ausência de atualização da informação faz com que a mesma careça de veracidade com o passar do tempo, o que por sua vez faz com que o conteúdo público deixe de estar protegido pelo direito à informação.

O fundamento para este entendimento parte da premissa de que, da mesma forma que a mídia tem a liberdade de escolher o conteúdo que possui relevância pública para noticiar, ela tem o dever de atualizar a informação comunicada aos usuários, pois o direito à informação supõe o direito de receber conteúdo verdadeiro e imparcial. O princípio da verdade, no plano de notícias referentes a processos judiciais e a atos delitivos, significa a possibilidade de ter a informação atualizada, diante do desenvolvimento do processo judicial e dos diferentes resultados que ele pode ter. Portanto, a constante mudança dos fatos iniciais de um processo torna a falta de atualização das notícias numa forma de inexatidão. Isto afetaria, também, o princípio da veracidade, que teria sido violado no momento em que o *El Tiempo* se negou a atualizar a notícia quando a autora requereu a sua retificação (direito previsto pelo artigo 20 da Constituição Colombiana), o que acabou por violar seu direito ao bom nome e à honra.

Não houve unanimidade quanto a este ponto. O voto vencido destacou que a criação de tal obrigação constituiria um novo requisito para o exercício da liberdade de comunicação e expressão, além da exigência da imparcialidade e veracidade, o que seria uma medida restritiva das liberdades de informação e de imprensa. Ao invés de aplicar o que dispõe a Constituição, quanto à necessidade de retificação, este novo requisito de "atualização" não encontra respaldo na jurisprudência da Corte, tampouco na legislação nacional e tratados internacionais, havendo uma restrição indevida ao exercício destas liberdades. De acordo com o Ministro, a confirmação dos pressupostos de veracidade e imparcialidade deve ocorrer no momento de divulgação e elaboração da informação. Assim, uma informação que nasce veraz não deixa de sê-la por um fato superveniente.

Este novo requisito de atualização não foi analisado pela segunda instância, que ordenou que o *El Tiempo* excluísse de sua página na internet toda a informação negativa relativa à prisão de Gloria e à investigação penal. No entanto, analisando-se se aquela decisão resolveu de modo constitucionalmente admissível a tensão entre os direitos fundamentais em conflito, a Corte, ao aplicar o teste tripartite do sistema interamericano de direito humanos,[120] entendeu que havia um meio menos lesivo à liberdade de expressão, que seria criar esta obrigação de atualização.

Quanto ao pedido de desindexação em relação ao Google, a Corte Constitucional manteve a decisão do Tribunal, que não havia deferido tal

---

[120] A restrição à liberdade de expressão, para ser considerada adequada, deve cumprir três requisitos: (i) a limitação deve estar contemplada em lei, (ii) a mesma deve pretender garantir determinados objetivos, considerados admissíveis (direito de reputação, segurança nacional, ordem pública, saúde e moralidade pública), e (iii) deve ser necessária para alcançar dito fim.

pedido, uma vez que a desindexação não seria o meio idôneo para preservar os direitos de Gloria, diante da sua ineficácia. Ainda, a desindexação ameaçaria a neutralidade da rede[121], permitindo que os provedores de busca controlassem as informações que poderiam ou não ser divulgadas na internet. Isto geraria uma censura privada e afetaria a própria arquitetura da rede, levando a uma violação de outros princípios que norteiam o uso da internet, como o acesso em condições de igualdade, a não discriminação e o pluralismo. Por considerar o princípio da neutralidade inerente aos direitos à liberdade de expressão e ao acesso à informação, a Corte destacou que a desindexação poderia ser mais gravosa para a liberdade de expressão do que a eliminação do conteúdo, e qualquer limitação à sua atividade deveria estar sujeita ao teste tripartite. Desta forma, firmou-se o entendimento de que o Google não poderia ser responsabilizado nestas situações, uma vez que a empresa não teria ingerência sobre a veracidade e imparcialidade de determinado texto, artigo ou editorial que apareça em seu resultado de pesquisa.

A Corte concluiu que não foi a indexação da notícia que deixou vulneráveis os direitos fundamentais da autora, e sim a difusão da informação desatualizada por parte da Casa Editorial *El Tiempo*. Por isso, transferiu-se o ônus de limitar a difusão das informações aos meios de comunicação, e não aos intermediários. Para garantir o direito ao bom nome de Gloria, o *site* da imprensa deveria criar recursos técnicos chamados *"robots.txt"* e *"metabase"* para impedir que determinados conteúdos retornem nas chaves de pesquisa dos provedores de busca, especificamente do Google. Ou seja, existem duas novas obrigações impostas à imprensa quando tratarem de ações ou investigações penais, e atos delitivos: (i) agir de ofício, ou quando notificada pela parte interessada, sobre a necessidade de se atualizar determinado conteúdo, e (ii) implementar *"robots.txt"* para evitar que

---

[121] Vale ressaltar que esta perspectiva da Corte Constitucional Colombiana sobre o princípio da neutralidade da rede difere da forma que o Marco Civil da Internet define este princípio. Diz o artigo 9º que: "o responsável pela transmissão, comutação ou roteamento tem o dever de tratar de forma isonômica quaisquer pacotes de dados, sem distinção por conteúdo, origem e destino, serviço, terminal ou aplicação". A responsabilidade não recai sobre os provedores de aplicação, e sim sobre os responsáveis pelo tráfego de dados. Portanto, este argumento, à luz do direito brasileiro, não seria adequado, podendo-se alegar, apenas, a censura e controle de conteúdo, e não uma ameaça à neutralidade da rede.

tais notícias sejam identificadas pelos provedores de busca da internet, e indexadas em sua página de resultado.

No entanto, esta obrigação não se aplica quando se tratar de notícia que envolva uma pessoa pública ou um funcionário público, ou se os fatos noticiados envolverem o cometimento de crimes contra a humanidade ou uma ofensa grave aos direitos humanos. Nestes casos, a informação não deverá ser restrita ao acesso do público, por meio da implementação de mecanismos tecnológicos, tendo em vista que o seu conhecimento pela sociedade é importante para o processo de construção da memória histórica nacional, e por isso a necessidade de difusão excederia o interesse pessoal do indivíduo.

Assim como na Argentina, a Corte Constitucional colombiana citou o precedente do caso González, lhe rejeitando expressamente, pois entendeu que, por tratar-se de uma decisão proferida pelo TJUE, a Colômbia não estaria vinculada ao entendimento que fora estabelecido. Embora o termo "direito ao esquecimento" não tenha sido suscitado pelas partes, ou utilizado pela Corte para delinear o que foi decidido, o julgamento ora analisado tem sido classificado como um dos casos que trataram sobre o tema (MARINO, 2015). Ainda, a transferência do ônus à imprensa para que atue espontaneamente para a retirada do conteúdo também acaba criando tensões em relação às liberdades de expressão e de informação (ARTIGO 19, 2017, p. 23), podendo causar até um *chilling effect*[122] sobre notícias que envolvam fatos delitivos.

Esta obrigação é peculiarmente delicada no contexto das Forças Armadas Revolucionárias da Colômbia (FARC). No relatório de 2016 sobre liberdade de expressão apresentado na Comissão Interamericana de Direitos Humanos (CIDH) são apontados diversos casos onde as FARC ameaçam jornalistas, influenciando a pauta das matérias, e consequentemente as informações que chegam ao público (LANZA, 2016). A questão do "direito ao esquecimento", no contexto da atuação das Forças Armadas, pode ser agravada em razão da paulatina anistia que o governo tem concedido aos ex-guerrilheiros. No final de 2016, por meio de decreto, 3.200 ex-guerrilheiros que se encontravam dentro de uma zona de segurança foram

---

[122] *Chilling effect*, o "efeito resfriador" ou "efeito inibidor", é uma consequência ao desencorajamento do exercício legítimo de livre pensar e de se manifestar, diante da ameaça de uma sanção futura, o que pode acarretar a uma autocensura das pessoas.

anistiados pelo presidente colombiano Juan Manuel Santos. Eles estão devolvendo suas armas ao governo, e registrando-se para obter cédulas de identidade para que possam se inscrever em programas de reinserção ou procurar emprego (COLOMBO, 2017).

Dentro da realidade histórica latino americana, de existência de ditaduras civil-militares e de organização da guerrilha armada, propor a restrição de informações na internet, em especial, aquelas referentes a processos criminais, pode ser uma mácula para uma região que constantemente recorre à memória e à história para seguir em frente. O desenvolvimento da jurisprudência colombiana sobre o "direito ao esquecimento" será interessante neste cenário de anistia, e deverá ser observado com atenção, merecendo ser lembrado que nem todo fato criminoso é passível de ser esquecido, conforme decidido pela própria Corte.

3.3. Peru: "Al Permitirse que los Robots de Búsqueda Puedan Indexar los Datos Personales y estos sean Difundidos en los Resultados de Búsqueda Hipervisibles, está Vulnerándose el Derecho del Reclamante a no ser Enlazado a la Información Materia de Reclamación"[123]

O primeiro caso importante sobre o "direito ao esquecimento" proferido no Peru foi julgado pela autoridade competente para tratar de dados pessoais (*Dirección General de Protección de Datos Personales* – DGPDP).[124] Até o momento, não se tem notícia de que a controvérsia tenha alcançado o judiciário. A escolha por analisar esta decisão se justifica pela divergência do entendimento sobre o tema em relação à Suprema Corte da Argentina e à Corte Constitucional Colombiana, tendo em vista que a referida autoridade reconheceu a responsabilidade dos provedores de busca da

---

[123] Tradução livre: "Ao permitir que os robôs de busca possam indexar dados pessoais e que estes sejam difundidos nos resultados de busca hipervisíveis, está se vulnerando o direito do reclamante de não ser vinculado à informação relacionada à matéria reclamada" (PERU, 2015, p. 20).

[124] PERU, *Dirección General de Protección de Datos Personales*, Resolución Directoral n. 045-2015-JUS/DGPDP, X *vs. Google Inc.* e Google Perú S.R.L. Lima, julgado em 30.12.2015. Disponível em <http://www.hiperderecho.org/wp-content/uploads/2016/06/datos_personales_google_olvido_1.pdf> Acesso em 03.08.2017.

internet em retirar conteúdo gerado por terceiros, quando assim solicitado, sem a necessidade que a remoção ocorresse após uma notificação judicial. A autoridade optou por seguir o entendimento do TJUE no caso González, tendo sido expressamente defendido que os critérios ali desenvolvidos estavam sendo compartilhados pela DGPDP. Outra curiosidade do caso é que, diferentemente do entendimento da Corte Constitucional colombiana, o instituto do *habeas data*, previsto pela legislação peruana que trata sobre a proteção de dados pessoais, foi utilizado para fundamentar o pedido de desindexação.

Não foi a primeira vez que a DGPGP se pronunciou sobre questões relacionadas ao tratamento de dados pessoais na internet, "mas foi a primeira vez que requereu a um buscador como o Google que respeitasse o direito ao cancelamento de dados pessoais" (BORGIOLI, 2016).[125] Merece ser destacado, novamente, que o termo utilizado pelas autoridades competentes da América Latina que apreciaram pedidos sobre o "direito ao esquecimento" não fazem referência a esta expressão, valendo-se de termos já previstos pela legislação.

O que foi requerido pelo autor da demanda, e deferido pela autoridade, foi o direito ao cancelamento, que é o direito que os cidadãos peruanos têm de requerer a um banco de dados que elimine total ou parcialmente as informações ali contidas. É isto que o artigo 24 da Lei de Proteção de Dados peruana prevê: que os titulares dos dados pessoais possam requisitar seu direito à autodeterminação informativa "como o cancelamento, a exclusão ou a modificação de seus dados aos responsáveis pelo tratamento e armazenamento dos dados", sem que seja feita exceção à atividade jornalística (ARTIGO 19, 2017, p. 26).

O caso analisado envolveu o pedido de X que, em 2009, havia sido acusado de praticar o crime de "delito contra o pudor público". Em 08 de junho de 2012 foi proferida sentença pelo Quinto Juizado Penal de Lima, que absolveu X do referido crime, diante da ausência de provas de que o mesmo havia cometido a referida penalidade. Assim, foi determinado que fossem anulados os antecedentes criminais e judiciais, ou de qualquer outro registro, que tenha se originado desta ação penal.

---

[125] Tradução livre de: "sí es la primera vez que se solicita a un buscador como Google que respete el derecho de cancelación de datos personales".

Passados três anos desde o proferimento da referida sentença, em 09 de julho de 2015, X requereu perante o mesmo juiz que o havia absolvido que o Google Perú S.R.L procedesse com a eliminação dos resultados do motor de pesquisa Google *Search* de qualquer informação ou notícia relacionada com a ação penal na qual o mesmo havia sido absolvido, pedido este que foi deferido pelo juiz. Ao responder a ordem judicial, o Google Peru, em sua defesa tradicional, informou que o serviço de motor de pesquisa do Google seria oferecido e administrado pelo Google Inc., empresa constituída e operante nos Estados Unidos, e que por tal motivo, o Google Peru não poderia adimplir com a ordem judicial.

Diante da resposta da empresa peruana, X requereu ao Google Inc., mediante formulário disponibilizado em seu *site*, que as notícias em questão não aparecessem mais no resultado de pesquisa quando uma busca fosse feita em seu nome. A empresa, via e-mail, informou que não seria possível cumprir com o pedido do autor, recomendando que X entrasse em contato diretamente com os *sites* responsáveis pelas publicações das notícias, uma vez que esta seria a melhor forma de garantir que as mesmas não aparecessem mais no resultado de busca do Google *Search*. Ainda, foram indicadas páginas do Google que poderiam auxiliá-lo na comunicação com o *webmaster* e com a retirada da cópia da informação armazenada no *caché* do provedor de busca.

Diante da negativa de ambas as empresas, X apresentou uma reclamação perante a DGPDP, alegando que o "Google Inc. e Google Peru S.R.L não atenderam devidamente seu direito de cancelar dados pessoais que estariam contidos na informação ou notícias" relacionadas com a ação penal em que fora absolvido. A justificativa de X para requerer aos provedores de busca a remoção dos referidos *links* é de que o mesmo não havia conseguido entrar em contato com todos os criadores, moderadores ou administradores dos *sites* para enviá-los a documentação que fundamentava seu pedido de retirada, trabalho este que estaria tentando realizar há três anos. Consequentemente, a presença das notícias nos resultados de pesquisa do Google estaria dificultando sua busca por emprego, pois as empresas sempre pesquisavam os candidatos pelo provedor de busca Google.

Após reconhecer a sua competência para apreciar a questão, a DGPDP definiu que seria necessário analisar sete aspectos da controvérsia: (i) o âmbito de aplicação da lei de Proteção de Dados Pessoais peruana (LDDP – Lei n. 29.733) e o seu regulamento; (ii) a notificação da reclamação e a identificação da entidade objeto da reclamação; (iii) o serviço de pesquisa fornecido pelo provedor de busca Google *Search* no território peruano e o resultado de pesquisa que o mesmo disponibiliza; (iv) o serviço de busca fornecido pelo Google *Search* no território peruano e a publicidade como meio de financiamento da sua atividade; (v) o serviço de busca fornecido pelo Google *Search* no território peruano e o tratamento de dados pessoais dos seus cidadãos; (vi) o direito de cancelamento exercido por X perante as empresas demandadas, e (vii) o cometimento de eventuais sanções pelas empresas. Embora não se vá analisar especificamente todos os pontos acima indicados, serão abordadas as questões que possuem maior relevância para o estudo do "direito ao esquecimento".

A mesma questão relacionada à competência jurisdicional e à aplicação de lei nacional a uma empresa sediada em um país estrangeiro que fora discutida no caso González aparece neste julgamento. Neste caso, a conclusão alcançada pela autoridade competente foi a de conhecer sua competência jurisdicional para julgar o caso, assim como de vincular a companhia americana às leis nacionais.[126] No caso do Peru, concluiu-se que o Google *Search* se valia de dados pessoais dos cidadãos peruanos para oferecer seus serviços, enquanto provedor de busca da internet, mas também para sustentar sua atividade publicitária dirigida àquele público.

Além disso, a DGPDP encontrou diversos nexos causais que justificavam a responsabilidade do Google como titular do tratamento de dados. Afirmou que a LDDP e seu regulamento devem ser aplicados às empresas, as qualificando como responsáveis pelo tratamento de dados (assim como foi decidido no caso do TJUE) no contexto de oferta de bens e serviços sobre informações pessoais, papel este que estaria sendo exercido pela empresa Google, que possui uma presença global. Toda a argumentação da DGPDP buscava demonstrar a vinculação das atividades exercidas pelo Google Inc.

---

[126] Como aponta Morachimo, este entendimento é controverso. O critério de competência utilizado pela Autoridade de Proteção de Dados no Peru, em que a empresa estaria vinculada à jurisdição peruana quando seu serviço se valesse de dados de cidadãos peruanos e fosse acessível pelo Peru, independentemente de onde estivesse sediada a empresa que presta tal serviço, poderia ocasionar um aumento dos custos destas empresas internacionais em cumprir a risca a legislação nacional. Isto poderia criar um desincentivo para que tais companhias desenvolvessem suas atividades no Peru (MORACHIMO, 2016).

e pelo Google Peru,[127] e que por isso não seria justificável que se recorresse à "verdade formal" para que aquela se esquivasse da responsabilização perante às autoridades peruanas e aos cidadãos peruanos.

A atividade do motor de busca do Google *Search* exercida pelo Google Peru foi considerada, assim como no julgamento do caso González pelo TJUE, como uma atividade de tratamento de dados pessoais, pois a empresa executaria uma operação técnica automatizada para realizar a compilação, armazenamento e difusão de informação em seus servidores. Esta função afetaria a privacidade dos cidadãos peruanos, uma vez que seria possível realizar pesquisas por nomes e/ou sobrenome, onde não se saberia qual seria o uso final da informação que ali retornasse, podendo afetar a pessoa que fora objeto de busca, sob o ponto de vista profissional, social, familiar, moral, entre outros.

Em especial, no caso de X, foi reconhecida a ausência de interesse público na informação que tratava sobre o processo penal do qual havia sido absolvido, razão pela qual entendeu-se que o tratamento destes dados pessoais, que constituía na indexação das notícias relacionadas a ele, deveria cessar. Além do direito à privacidade, destacou-se que o direito à proteção de dados pessoais também havia sido afetado, uma vez que a busca por um critério "nominal", e os resultados que dela retornavam, possibilitavam que informações pessoais fossem obtidas e difundidas, não sendo possível saber a finalidade que seria dada às informações disponibilizadas.

Uma crítica passível de ser feita a este entendimento é a interpretação extensiva que foi dada à definição de tratamento de dados, com base na legislação sobre proteção de dados pessoais peruana, uma vez que, à época que a lei foi promulgada, "não existia nada como um buscador de internet ou um arquivo digital de uma biblioteca" (MORACHIMO, 2016)[128]. Como consequência do entendimento da DGPDP, os provedores de busca da

---

[127] Para demonstrar esta associação entre as empresas, foram apresentados os seguintes argumentos em relação ao serviço do Google *Search*: (i) ele apresenta informações em função do idioma (castelhano ou quéchua); (ii) ele é um provedor de busca da internet que oferece serviços com presença global (google.com), e quando um usuário acessa o referido *site* em qualquer parte do mundo ele é redirecionado para o serviço de busca de acordo com a localização geográfica de onde se conecta; (iii) as buscas efetuadas no google.pe são dirigidas aos usuários localizados no Peru, e (iv) o google.pe se identifica com o nome do Google Peru, denominação que também se identifica com o estabelecimento.

[128] Tradução livre de: "En aquella época, no existía nada como un Buscador de Internet o el archivo digital de una biblioteca".

internet se tornaram os principais responsáveis por definir a informação que é ou não considerada de interesse público, e o que poderá ou não ser disponibilizado na rede. Isto traz à tona toda a discussão abarcada no segundo capítulo sobre os riscos de se transferir às empresas privadas este poder decisório. Além disso, esta interpretação poderá ameaçar uma "nova geração de serviços que tornam mais acessível a informação pública e privada para facilitar a vida das pessoas" (MORACHIMO, 2016)[129]. Por isso, Miguel Morachimo, em seu comentário a este julgamento, coloca uma pergunta interessante: por que não criar uma exceção à regra em relação a estes serviços, diante da relevância social e o valor do serviço prestado? (MORACHIMO, 2016).

No entanto, a questão não é tão binária, e envolve uma contextualização do problema. O conflito entre estes direitos pode ocorrer em situações semelhantes aos casos de "direito ao esquecimento", em que o indivíduo se vale da legislação de proteção de dados pessoais para garantir que determinada informação deixe de ser difundida por um provedor de busca, sob o argumento de que determinadas informações violariam seu direito à privacidade. Ainda, há outras situações em que o conflito entre o direito à proteção de dados pessoais e o direito de acesso à informação e liberdade de expressão não se configura. É o caso, por exemplo, quando há a ausência de consentimento do titular dos dados pessoais para que a empresa colete, armazene e realize o tratamento de seus dados pessoais, como é o caso de empresas que utilizam *cookies*. Por isso, há fortes razões para acreditar que a exceção pensada por Morachimo deva ser aplicada apenas quando a empresa exercer sua atividade enquanto motor de pesquisa, como descrito no primeiro exemplo.

Segundo a DGPDP, a desindexação deve ocorrer apenas quando uma pesquisa nominal for realizada, o que não acarretaria que toda matéria relacionada ao processo penal de X fosse restringida, uma vez que a mesma poderia ser acessada mediante pesquisa que se valesse de qualquer outra palavra ou critério. Esta alternativa evitaria que os dados pessoais de X fossem divulgados, reduzindo a acessibilidade das informações não desejadas. E, indo na contramão da jurisprudência dos outros casos analisados, foi ressaltado que o direito de cancelamento poderia ser exercido

---

[129] Tradução livre de: "nueva generación de servicios que hacen más accesible la información pública y privada para facilitar la vida de las personas".

diretamente perante o provedor de busca da internet, sem a necessidade de que o requerente se dirigisse previamente aos editores dos sites, ou até mesmo uma autoridade judicial.

Assim, diante da negativa da empresa Google em proceder com o bloqueio de *sites* que retornassem *links* que noticiavam a ação penal que X teria sido absolvido, foi reconhecida a violação ao direito de cancelamento e ao direito à privacidade do requerente, razão pela qual ambas as empresas Google (*Inc.* e Peru) foram condenadas a cumprirem com o referido bloqueio, além de terem sido condenadas ao pagamento de multa de 65 UIT, o que seria equivalente a U$ 75 mil dólares.

O Google Peru recorreu desta decisão, indicando que a sua filial peruana era parte ilegítima da reclamação formulada por X, e que a empresa sediada nos EUA, que realizava o serviço de busca na internet, é que deveria ser responsabilizada, e que, mesmo citada a responder à demanda, a mesma nunca fora de fato notificada. A Autoridade de Proteção de Dados considerou que o teor do recurso deveria ser considerado como uma defesa da Google Inc., indeferindo em março de 2016, com o encaminhamento à empresa Google Peru de uma lista de *sites* que deveriam ser bloqueados. Até o momento não se tem notícias de que uma ação judicial foi intentada pelo Google (BORGIOLI, 2016).

Uma série de críticas foram feitas à decisão. Uma preocupação colocada por Morachimo sobre o entendimento da DGPDP é que empreendimentos digitais ou *sites* de investigação de periódico "que resolva[m] tornar mais acessível a informação contida em banco de dados publicada por terceiros ser[ão] obrigado[s] a eliminar a informação pessoal de quem quer que solicite" (MORACHIMO, 2016)[130]. Os amplos termos da obrigação imposta pela Autoridade de Proteção de Dados Pessoais acabaram por gerar um ônus excessivo aos provedores de busca, além destes outros *sites*, criando uma restrição indevida à liberdade de expressão e ao acesso à informação.[131]

Outra crítica a ser feita à decisão peruana sobre o "direito ao esquecimento" diz respeito à ausência de qualquer exceção estabelecida, tal como

---

[130] Tradução livre de: "que involucre hacer más accesible la información contenida en bases de datos publicadas por terceros quedará obligado a eliminar la información personal de quien lo solicite".

[131] Certamente, este entendimento não subsistiria ao teste tripartite do sistema interamericano de direito humanos, que foi mencionado pelas Cortes Superiores da Argentina e da Colômbia.

em relação "à atividade jornalística, [ao] interesse público e [à] relevância histórica em casos judiciais, mesmo aqueles que resultaram em absolvição" (ARTIGO 19, 2017, p. 27). Embora se reconheça que a Autoridade de Proteção de Dados do Peru, órgão vinculado ao Ministério da Justiça, não esteja adstrita a outros direitos fundamentais na resolução de controvérsias, como estão as autoridades judiciais, fato é que o julgamento em questão não realiza qualquer ponderação sobre eventuais exceções que devam ser aplicadas quando o caso envolver informações de interesse público, podendo ocasionar abusos futuros.

Como consequência desta decisão, já se tem notícia de iniciativas de dois casos considerados polêmicos sobre o "direito ao esquecimento". O primeiro cuidou do pedido de um ministro da Suprema Corte peruana, direcionado à DGPDP, requerendo a remoção da notícia referente a uma investigação jornalística a seu respeito, onde o demandante alegou que não havia autorizado a divulgação do seu nome[132]. Seu pleito foi indeferido pela Autoridade, tendo o magistrado desistido de prosseguir com o pedido (ARTIGO 19, 2017, p. 27). O segundo caso tratou de um pedido formulado por um narcotraficante que, após a negativa do jornal ao seu pedido de remoção de determinada matéria sobre ele, o mesmo ajuizou uma ação judicial, com base no *habeas data*, dirigindo seu pedido aos jornais que publicaram matérias sobre a sua atuação no narcotráfico internacional, assim como ao Google, para que desindexasse as respectivas matérias. O pedido foi deferido em primeira instância, mas ainda não há registros, atualmente, do desenrolar deste caso[133] (ARTIGO 19, 2017, p. 27).

São repercussões como estas que são vistas com preocupação. Embora não se saiba, até o momento, da existência de decisões judiciais importantes que tratem sobre o "direito ao esquecimento" no Peru, o entendimento sobre o tema pela DGPDP poderá motivar um aumento de demandas judiciais, ou até mesmo perante instâncias administrativas, que versem sobre pedidos de desindexação e de remoção de conteúdo. A preocupação diz respeito à ausência de uma definição clara sobre os parâmetros para casos semelhantes, uma vez que a decisão ora analisada não estabeleceu

---

[132] Disponível em <https://knightcenter.utexas.edu/es/blog/00-17329-ojo-publico-ley-de-proteccion-de-datos-personales-no-debe-ser-usada-para-censurar-peri> Acesso em 20.01.2018.

[133] Disponível em <https://ojo-publico.com/351/juez-censura-google-y-medios-de-prensa-que-investigan-sindicado-por-narcotrafico> Acesso em 20.01.2018.

definições seguras do que os provedores de busca deverão ou não remover de suas chaves de pesquisa, tampouco previu as exceções à regra, como tem sido feito.

No relatório sobre liberdade de expressão da CIDH do ano de 2016, ao tratar sobre pedidos que envolvam o "direito ao esquecimento", foi destacado que tanto as medidas de remoção, quanto as de desindexação de conteúdo, podem ter um impacto no exercício da liberdade de expressão em suas duas dimensões (individuais e coletivas) (LANZA, 2016, p. 441). Este alerta, inclusive, diz respeito à realização destas obrigações de maneira privativa pelas próprias empresas que administram e gerenciam as páginas, plataforma ou aplicações, mas também àquelas realizadas pelo próprio Estado, mediante decisão judicial (LANZA, 2016, p. 439). As recomendações feitas sobre o tema serão analisadas em seguida.

3.4. O "Direito ao Esquecimento" a partir das Decisões Analisadas

Percebe-se que o interesse sobre o "direito ao esquecimento" tem se tornado um objeto de estudo importante na América Latina, principalmente após a decisão do caso González, onde ora as autoridades competentes têm afastado a sua aplicação e entendimento, e ora têm mantido e compartilhado das definições e conclusões ali propostas. Foram analisados três julgamentos, com três resultados diferentes.

Como se viu, a Suprema Corte da Argentina estabeleceu que a responsabilidade dos provedores de aplicação seria subjetiva, ou seja, eles apenas responderiam pelos danos causados caso, após notificação judicial determinando que procedessem com a desindexação, os mesmos se quedassem inertes. Isto porque entendeu-se que os provedores de busca da internet são meros intermediários, e exercem um papel fundamental na garantia do acesso à informação e para o exercício da liberdade de expressão. Logo, não podem ser penalizados pelo conteúdo gerado por terceiros. No entanto, foram estabelecidas hipóteses onde o lesado poderá requerer diretamente ao provedor que retire de sua chave de pesquisa determinados resultados retornados, não se esquivando de crítica à indefinição de alguns destes temas, ainda sujeitos a interpretação. Ainda, concluiu-se que a regra prevista no caso da busca por texto deveria ser estendida à busca por imagem, além de ter sido determinada a impossibilidade de onerar os provedores de busca na construção de filtros genéricos que evitem futuras associações entre o lesado e *sites* indesejadas pelo mesmo.

Na Colômbia a compreensão sobre a atividade dos provedores de busca da internet foi similar à estabelecida na Argentina, tendo sido destacado que a sua oneração poderia causar prejuízos para a liberdade de expressão na internet e o princípio da neutralidade da rede, e que por isso, não poderiam ser responsabilizados por conteúdo de terceiros. Entretanto, o ônus foi invertido: determinou-se que matérias jornalísticas que tratassem de atos delitivos envolvendo um processo judicial em que o acusado tivesse sido absolvido deveriam ser atualizadas de ofício por seus redatores. Além do dever de retificação e atualização da notícia, os meios de comunicação deverão implementar mecanismos tecnológicos (*"robots.txt"*, *"metatags"* ou outros similares) para evitar que as matérias, mesmo que tenham sido atualizadas pela imprensa, deixem de ser indexadas pelos provedores de busca.

Já a Autoridade de Proteção de Dados Pessoais peruana entendeu que os provedores de busca da internet são responsáveis por desindexar determinados *links* que retornem de uma pesquisa feita pelo nome de um indivíduo, quando assim for requerido, independentemente de ordem judicial. Não foi estabelecida qualquer exceção a este tipo de pedido, embora em decisões posteriores ao caso ora analisado, que envolveram pedidos de pessoas públicas, o requerimento pela desindexação não foi deferido pela autoridade. Diante da similaridade do entendimento peruano com a decisão do TJUE, as críticas feitas a este julgamento também são pertinentes àquela decisão, principalmente diante da condenação de ambas as empresas Google, acabando por aplicar de maneira extraterritorial uma ordem judicial nacional, gerando "questões complexas sobre o futuro da jurisdição na Internet e sua interação com a soberania nacional" (LANZA, 2016, p. 439).[134]

Nas decisões da Colômbia e Argentina os pedidos foram fundamentados nos direitos da personalidade, e na legislação de propriedade intelectual (no caso argentino), e envolveram uma análise do tradicional conflito daqueles direitos e as liberdades de expressão e de informação. Por sua vez, a Corte Constitucional afastou a aplicação do instituto de *habeas data*, enquanto no Peru o pedido do autor se baseou neste instituto, previsto

---

[134] Tradução livre de: "plantea cuestiones complejas sobre el futuro de la jurisdicción en Internet y su interacción con la soberanía nacional".

pelo artigo 24 da legislação de proteção de dados pessoais, não tendo ocorrido qualquer ponderação em relação àqueles direitos. O debate tratou de questões relacionadas à atividade de tratamento de dados pessoais exercida pelo Google, e a aplicação e vinculação da empresa à legislação nacional.

As primeiras decisões analisadas rejeitaram expressamente o entendimento estabelecido no caso González, embora tenham feito menção ao julgado, enquanto a última decisão compartilhou das mesmas conclusões que o TJUE alcançou naquele julgamento, sem, no entanto, ter sido estabelecida qualquer exceção aos pedidos de desindexação. Contudo, estes casos ora analisados que trataram sobre o "direito ao esquecimento" não se valeram desta terminologia para definir o que estava sendo decidido. Este fato reforça o argumento exposto no segundo capítulo sobre a necessidade de se criar um novo "direito" que, possivelmente, se assemelha mais a um desejo do indivíduo que o requer, do que propriamente um direito. Portanto, não seria preciso invocá-lo, uma vez que já existem nos ordenamentos jurídicos dispositivos que poderiam resolver a controvérsia posta pelo lesante.

No que diz respeito ao julgamento da Corte Constitucional colombiana, percebe-se que a solução final alcançada acabou por gerar um ônus excessivo à imprensa, que deverá, de ofício, manter atualizadas as notícias que envolverem investigações e ações penais. De fato, como indicado pelo voto vencido, matérias que são verdadeiras e imparciais à época da sua publicação não perdem estas características com o simples passar do tempo, simplesmente porque os fatos narrados tiveram um desfecho diferente.

No mais, as diferentes formas de resolverem conflitos semelhantes são inerentes à competência jurisdicional de cada Estado, seja em razão da legislação existente, seja pela jurisprudência de cada órgão judicial. No entanto, considerando que estes países compartilham de passados históricos semelhantes, pensar em esquecer determinados fatos parece ser uma verdadeira ameaça à memória coletiva. Como aponta a ONG Artigo 19:

> A cultura do sigilo que reina sobre esse tema é herança compartilhada na maioria das nações latino-americanas, e a cobrança por transparência e acesso à informação se mostra cada dia mais essencial para a consolidação das novas democracias (ARTIGO 19, 2017, p. 17).

Portanto, para se ter uma perspectiva para onde a questão deve caminhar, a seguir serão analisadas as recomendações sobre o "direito ao esquecimento" que foram feitas no relatório sobre liberdade de expressão, no âmbito da Organização Interamericana de Direitos Humanos no ano de 2016.

3.5. O Relatório sobre Liberdade de Expressão da Organização Interamericana de Direitos Humanos do Ano de 2016

O tema sobre o "direito ao esquecimento" ganhou tanta relevância na América Latina que o relatório sobre liberdade de expressão da Organização Interamericana de Direitos Humanos de 2016 tratou sobre o assunto. O mesmo apontou que "o direito internacional dos direitos humanos não protege ou reconhece o "direito ao esquecimento", nos termos delineados pelo TJUE" no caso González. Conforme o indica o relatório:

> (...) a Relatoria Especial estima que a aplicação nas Américas de um sistema de remoção e desindexação privada de conteúdos com limites tão vagos e ambíguos resulta particularmente problemática à luz da ampla margem normativa de proteção da liberdade de expressão de acordo com o artigo 13 da Convenção Americana sobre Direitos Humanos (LANZA, 2016, p. 443).[135]

Segundo o relatório, a limitação na busca, recebimento e difusão de informação, mediante a desindexação, é particularmente preocupante diante do passado Latino-Americano, em que "as pessoas e as organizações de direitos humanos mantêm uma reclamação legítima para ter mais acesso à informação sobre a atividade governamental e militar do passado e as graves violações aos direitos humanos" (LANZA, 2016, p. 443).[136] Por

---

[135] Tradução livre de: "(...) la Relatoría Especial estima que la aplicación en las Américas de un sistema de remoción y desindexación privada de contenidos en línea con límites tan vagos y ambiguos resulta particularmente problemática a la luz del amplio margen normativo de protección de la libertad de expresión bajo el artículo 13 de la Convención Americana sobre Derechos Humanos"

[136] Tradução livre de: "En las Américas, además, después de muchos años de conflictos y regímenes autoritarios, las personas y las organizaciones de derechos humanos mantienen un legítimo reclamo de mayor acceso a información sobre la actividad gubernamental y militar del pasado y graves violaciones de los derechos humanos".

isso, o "direito ao esquecimento" constituiria uma real ameaça à memória e à verdade.

Como recomendação, a relatoria sobre liberdade de expressão afirma que, caso os Estados desejem prever regimes de proteção de dados pessoais, estabelecendo mecanismos de desindexação como o "direito ao esquecimento", os mesmos deveriam fazê-lo de maneira absolutamente excepcional, dispondo de forma clara as hipóteses em que o mesmo poderá ou não ser deferido (LANZA, 2016, p. 444). Isto é especialmente relevante com relação à informação produzida e divulgada pelos meios de comunicação, uma vez que "a proteção de dados pessoais a que se refere o "direito ao esquecimento" não pode englobar restrições à informação divulgada" por aqueles meios "que podem eventualmente afetar os direitos à privacidade e à reputação de uma pessoa (LANZA, 2016, p. 444).[137] Por este motivo, também se reconhece que o conteúdo gerado por estas plataformas não estaria sujeito à proteção prevista pelo *habeas data*.

Como conclusão, o relatório indica que, em caso de promulgação de uma legislação que regule as hipóteses de desindexação, a mesma deverá ser restrita aos casos em que o requerente demonstre

> um dano substantivo à privacidade e à dignidade [devendo ocorrer] sempre mediante uma ordem judicial proferida no âmbito de uma ação que respeite o princípio do devido processo legal e que todas as partes envolvidas possam exercer sua defesa, incluindo quem se expressou, o meio de comunicação, o editor do *website* que pode ser afetado e os intermediários (LANZA, 2016, p. 445).[138]

Desta forma, seria evitado o estabelecimento de uma censura privada, onde os provedores de aplicação exerceriam um papel jurisdicional, para o qual não possuem qualquer competência para tê-lo. Para evitar eventuais abusos, o relatório prega para que haja transparência em relação à

---

[137] Tradução livre de: "La protección de datos personales a la que se refiere el derecho al olvido no puede conllevar restricciones a la información divulgada por los medios de comunicación que puedan eventualmente afectar los derechos a la privacidad y la reputación de una persona"
[138] Tradução livre de: "un daño sustantivo a la privacidad y la dignidad y siempre a través de una orden judicial adoptada en el marco de un proceso respetuoso del debido proceso y en el que puedan ejercer su defensa todas las partes involucradas, incluyendo quien se expresa, el medio de comunicación o editor del sitio web que pudiera verse afectado y los intermediaries".

política de desindexação praticada tanto por entes privados, como por entes púbicos (poder judiciário e autoridades de proteção de dados pessoais) (LANZA, 2016, p. 445).

A inclusão do tema sobre o "direito ao esquecimento" no referido relatório demonstra o impacto que este direito tem causado. A menção expressa do caso González como precursor no aumento de demandas judiciais, e de propostas legislativas visando a sua regulamentação, evidenciam as consequências que o referido *leading case* teve no mundo. No entanto, as diferentes formas com que o mesmo tem sido tratado, em especial, na América Latina, trazem à tona todas as controvérsias analisadas no capítulo sobre o julgamento do TJUE. O contexto histórico do continente, e a necessidade de lembrar, mais do que esquecer, fazem a incorporação do "direito ao esquecimento" ainda mais sensível.

No próximo capítulo será exposto o cenário sobre o "direito ao esquecimento" no Brasil, que incluirá decisões das instâncias superiores, mas também das instâncias inferiores, assim como as propostas legislativas em trâmite sobre o tema. Embora esteja pendente o julgamento do recurso extraordinário do caso Aída Curi no STF, existe uma série de indefinições sobre o assunto, além de já existir jurisprudência bastante consolidada do Superior Tribunal de Justiça sobre a responsabilidade civil dos provedores de aplicação. O que se buscará neste próximo capítulo é indicar o atual cenário sobre o assunto, indicando possíveis perspectivas sobre o mesmo.

4. O "Direito ao Esquecimento" no Brasil: onde estamos e para onde vamos?

Com a entrada em vigor do Regulamento e Diretiva Gerais sobre Proteção de Dados Pessoais da União Europeia em maio de 2018, o Congresso Nacional deu início à movimentação dos projetos de lei que tratavam sobre o assunto, culminando na recente aprovação da Lei Geral de Proteção de Dados Pessoais brasileira (Lei nº 13.709/2018). No entanto, enquanto vigorou o vácuo legislativo sobre o assunto, defendia-se que fosse possível inferir a existência de dispositivos constitucionais que asseguravam a proteção de tal direito, por ser ele inerente ao direito à privacidade, e ser estreitamente relacionado ao princípio da dignidade da pessoa humana (SARMENTO, 2014, p. 47).[139] É de se notar que, mesmo vigorando uma lei geral de proteção de dados pessoais na Argentina e na Colômbia, as respectivas Supremas Cortes não aplicaram qualquer dispositivo de proteção de dados pessoais à resolução dos casos sobre o "direito ao esquecimento", o que indica que julgamentos que tratem sobre o esquecimento na internet podem ser abordados de formas diferentes em outros países.

Neste contexto, Luiz Fernando Moncau, pesquisador no *Center for Internet and Society* da *Stanford Law School*, aponta que em diversos países, assim como no Brasil, os casos que envolvem o "direito ao esquecimento" tratam, em geral, de demandas que requerem a supressão de conteúdo em diversos meios de comunicação, sejam os tradicionais, como a televisão, ou os intermediários da internet, como os provedores de busca e as redes sociais. Segundo Moncau, os fundamentos que embasam tais demandas

---

[139] Na ausência de uma lei geral de proteção de dados, existia no Brasil uma regulação parcial sobre o assunto, de forma setorial, prevista nas legislações do Marco Civil da Internet, do Código de Defesa do Consumidor, de Acesso à Informação e do *Habeas Data* (SARMENTO, 2014, p. 47).

podem ser separados em dois grupos: (i) os baseados nos direitos da personalidade, como o direito à intimidade, à reputação, à imagem e/ou à dignidade da pessoa humana, que estariam "intimamente relacionados à noção de proteção da privacidade", e (ii) aqueles que baseam-se na proteção de dados pessoais, onde tais demandas "são especialmente importantes em países que possuem legislação específica tratando do tema". Esta distinção é importante diante dos diferentes marcos regulatórios que embasam as demandas por esquecimento, não fazendo "sentido transportar sem questionamentos para o Brasil o debate inaugurado" pela decisão do caso González (MONCAU, 2017).

Dentre as dificuldades que existem em relação ao "direito ao esquecimento", desde a sua implementação efetiva (quando tratar-se de desindexação) até a sua conceituação e delimitação está sua característica guarda-chuva: este direito serve como fundamento para toda sorte de pedidos. A expressão tem sido utilizada para justificar qualquer pedido que envolva o desejo de um indivíduo de não ser lembrado por fatos pretéritos, que o associem a um evento com o qual o mesmo não deseja mais ser vinculado. Portanto, sob a denominação do "direito ao esquecimento" diversas demandas têm surgido perante o judiciário.

Contudo, essas demandas nem sempre compartilham de um mesmo conjunto de características. Por isso, é importante que elas sejam classificadas de formas distintas, conforma destacado por Sérgio Branco:

> Este é um dos grandes desafios da precisão da abrangência do direito ao esquecimento. Existe uma tendência à superinclusão de pleitos que podem ser perfeitamente enquadrados em outras categorias ou que, ainda pior, necessariamente precisam ser qualificados de modo diverso (BRANCO, 2017, p. 146).

O direito em questão é tão volátil que pode ser fundamentado em diversos outros direitos já existentes no ordenamento jurídico brasileiro. No âmbito cível, ele pode ser justificado pelos clássicos direitos fundamentais à honra, imagem, privacidade, intimidade (art. 5º, inciso X, da CFRB e artigo 11 e seguintes do CC de 2002), e pelo princípio constitucional da dignidade da pessoa humana (art. 1º, inciso III, da CFRB). Ainda, é possível defender que o mesmo possa ser fundamentado na lei do Cadastro Positivo (Lei nº 12.414/2011), no artigo 43 § 1º Código de Defesa do Consumidor (Lei nº 8.078/1990), e nos artigos 7º, inciso X e 19, do Marco Civil da Internet (Lei nº 12.965/2014). Já no campo do direito penal, os artigos 63 e 64, inciso I, do Código Penal e o artigo 748 do Código de Processo Penal justificariam o esquecimento, pois tratam sobre o instituto da reincidência, e têm como objetivo minimizar os efeitos de uma condenação criminal no futuro do condenado. Contudo, esta preocupação não deve ser confundida com o "direito ao esquecimento", pois o "tratamento legal a fatos pretéritos no âmbito do direito penal decorre de outras necessidades e se enquadra em outro campo jurídico" (BRANCO, 2017, p. 148).

A maior parte da doutrina civilista tem tratado o "direito ao esquecimento" como um aspecto do direito à privacidade (artigo 5º, inciso X, XI e XII da CRFB e artigo 21 do Código Civil de 2002), em sua atual perspectiva relacionada à autodeterminação informativa,[140] defendendo que aquele direito teria o intuito de evitar que fatos pretéritos sejam constantemente revividos, de maneira descontextualizada, causando danos à pessoa. Ainda, o Enunciado 531, aprovado na VI Jornada de Direito Civil, organizada pelo Conselho da Justiça Federal, comumente citado pela jurisprudência, é considerado como um prelúdio de que o "direito ao esquecimento" teria respaldo no ordenamento jurídico, e deveria ser extraído a partir da interpretação extensiva do artigo 11 do Código Civil de 2002.[141] Como aponta Sérgio Branco, a ausência de previsão legal do "direito ao esquecimento" no rol dos direitos da personalidade não seria um obstáculo para o reconhecimento da sua existência, diante da proteção daqueles pela cláusula geral de tutela da dignidade da pessoa humana (BRANCO, 2017, p. 131). Para o autor, o "direito ao esquecimento" estaria diretamente ligado à teoria geral do direito civil, integrando os direitos da personalidade, em especial os direitos à imagem e à privacidade (BRANCO, 2017, p. 146).

Daniel Sarmento, embora afirme que nossa ordem constitucional não recepcionaria o "direito ao esquecimento" como foi considerado nos casos Aída Curi e Chacina da Candelária, que serão analisados em seguida,

---

[140] Neste sentido, ver BUCAR, 2013, p. 7; COSTA, 2013, p. 196; LIMA, 2014, p. 93, TEFFÉ; BARLETTA, 2016; CORDEIRO; PAULA NETO, 2015.

[141] O Enunciado possui a seguinte justificativa "Os danos provocados pelas novas tecnologias de informação vêm-se acumulando nos dias atuais. O direito ao esquecimento tem sua origem histórica no campo das condenações criminais. Surge como parcela importante do direito do ex-detento à ressocialização. Não atribui a ninguém o direito de apagar fatos ou reescrever a própria história, mas apenas assegura a possibilidade de discutir o uso que é dado aos fatos pretéritos, mais especificamente o modo e a finalidade com que são lembrados".

assume que aquele direito somente poderia ser admitido no ordenamento no campo do direito à proteção de dados pessoais, contanto que os dados que se visem proteger sejam despidos de interesse público (SARMENTO, 2014, p. 43). Diante da enorme capacidade de armazenamento da internet de nossos vestígios digitais, como fotografias, vídeos, mensagens privadas e hábitos de busca, há uma enorme coleta dessas informações pessoais que podem ser utilizadas de maneira indevida por empresas privadas. Por isso, Sarmento reconhece a importância de "construir instrumentos jurídicos que permitam às pessoas o exercício de algum controle sobre os seus dados pessoais que não ostentem interesse público". Desta forma, o exercício do "direito ao esquecimento" teria guarida neste contexto, e se justificaria em determinadas circunstâncias, limitando-se à possibilidade de não processar e de apagar os dados pessoais (SARMENTO, 2014, p. 45-47).

Não obstante parecer haver certa convergência da doutrina quanto à definição do "direito ao esquecimento" como uma faceta do direito à privacidade, em sua compreensão contemporânea de controle sobre dados pessoais, uma possível concordância parece estar longe de ser alcançada, e isto pôde ser percebido na audiência pública no STF sobre o caso Aída Curi. Após as apresentações dos *amici curiae*, Anderson Schreiber concluiu que existiriam três correntes sobre o "direito ao esquecimento": (i) posição pró-informação, cujos defensores não acreditam na existência deste direito, não podendo o mesmo ser extraído de qualquer direito fundamental, nem mesmo do direito à intimidade e à privacidade; (ii) posição pró-esquecimento, em que o mesmo deve ser compreendido "como expressão do direito da pessoa humana à reserva, à intimidade e à privacidade", prevalecendo sobre a liberdade de informação em relação a fatos do passado considerados defasados, e a (iii) posição intermediária, que defende que o direito em questão seria um desdobramento da privacidade, não havendo uma hierarquia prévia e abstrata entre a liberdade de informação e a privacidade, sendo necessário ponderar qual direito deverá prevalecer no caso concreto (SCHREIBER, 2017).

Este cenário revela a dificuldade que o "direito ao esquecimento" traz, uma vez que a controvérsia não diz respeito apenas às diversas posições doutrinárias sobre o assunto, conforme indicado por Schreiber, mas também sobre o que de fato é este direito, o que ele visa tutelar e quais as obrigações que decorrem da sua violação. Esta dificuldade reflete nas demandas que chegam aos tribunais brasileiros. Para melhor revelar o atual estado da arte sobre o tema, este quarto capítulo buscará expor o entendimento do Superior Tribunal de Justiça sobre o assunto, no âmbito cível, analisando os principais casos que chegaram até a Corte. Será feito um recorte menos detalhado do que o exposto no segundo capítulo, apenas para evidenciar a compreensão do STJ daquele direito. Será apresentada, ainda, uma pesquisa realizada nos tribunais estaduais, também no contexto cível, para trazer um retrato de quais são os tipos de demandas que estão sendo formuladas perante o judiciário e a resposta dos magistrados para elas. Além do contexto jurisprudencial, também serão analisados os projetos de lei que estão tramitando no Congresso Nacional, apresentando os principais problemas dos mesmos.

O objetivo é expor o atual cenário brasileiro sobre o "direito ao esquecimento" para que se possa ter em perspectiva onde estamos e para onde vamos (ou poderemos) caminhar. A definição dos contornos deste direito, as regras e as exceções, por tudo o que já foi exposto, se mostra necessária no atual contexto da sociedade de informação. Pois, muito embora exista jurisprudência consolidada sobre o assunto no STJ, os projetos de lei em tramitação contrariam o entendimento aparentemente pacificado naquela Corte, podendo ameaçar direitos fundamentais como a liberdade de expressão e o acesso à informação, à história e à memória coletiva.

4.1. O Tratamento do "Direito ao Esquecimento" no Âmbito do Superior Tribunal de Justiça

4.1.1. O Caso Chacina da Candelária

Os primeiros casos brasileiros que alcançaram o Superior Tribunal de Justiça (STJ) e que utilizaram a expressão "direito ao esquecimento" foram julgados um ano antes da decisão do caso González, em maio de 2013, e trataram dos recursos especiais dos casos Chacina da Candelária (1.334.097/RJ)[142] e Aída Curi (1.335.153/RJ).[143] Ambos se deram no contexto da mídia

---

[142] STJ, Recurso Especial nº 1.334.097/RJ, 4a Turma, sob a relatoria do Min. Luís Felipe Salomão, j. em 25.05.2013b.

[143] STJ, Recurso Especial nº 1.335.153/RJ, 4a Turma, sob a relatoria do Min. Luís Felipe Salomão, j. em 25.03.2013a.

televisiva, e o Ministro Relator dos recursos, Luís Felipe Salomão, restringiu a análise para aquele contexto, afastando a resolução da controvérsia à luz da internet[144]. Os recursos tiveram resultados de julgamento diferentes. No entanto, ambos encontram-se pendentes de análise pelo Supremo Tribunal Federal, tendo sido reconhecida a repercussão geral sobre o tema no caso Aída Curi.[145]

O caso Chacina da Candelária tratou de ação movida por Jurandir Gomes de França, em face da TV Globo, em razão do convite feito pela emissora, que fora negado pelo autor, para que o mesmo fosse entrevistado para o programa "Linha Direta – Justiça" em 2006, e participasse da reconstrução do episódio ocorrido em 1993 na cidade do Rio de Janeiro, que ficou conhecido como a Chacina da Candelária. Jurandir havia sido indiciado como coautor/partícipe do referido episódio. Entretanto, após ser submetido ao Júri, foi absolvido, por unanimidade, pelo Conselho de Segurança, que negou que Jurandir fosse autor do fato criminoso. Apesar de Jurandir não ter concordado em participar do programa, o mesmo foi transmitido, sendo feita menção ao seu nome, com a indicação de que ele havia sido absolvido.

Diante da exposição de sua imagem e a menção ao seu nome, fato considerado ilícito por Jurandir, além da ausência de seu consentimento para tanto, o mesmo ajuizou demanda em face da TV Globo. A causa de pedir foi o uso não consentido de sua imagem no referido programa de televisão, requerendo-se, ao final, o pagamento de indenização a título de danos morais. Segundo o autor, a veiculação em rede nacional daquele episódio levaria ao público um fato que já havia sido superado por ele, reascendendo na comunidade onde residia "a imagem de chacinador e o ódio social, ferindo, assim, seu direito à paz, anonimato e privacidade pessoal" (STJ, 2013a, p. 6). Segundo aponta, a lembrança da Chacina dificultou sua procura por emprego, tendo sido obrigado a abandonar o local onde vivia "para não ser morto por 'justiceiros' e traficantes".

Em primeira instância, o magistrado apontou para a existência de dois pontos controvertidos na demanda: (i) a existência ou não da obrigação de a mídia requerer o consentimento para a exibição de imagens de

---

[144] Daniel Bucar (BUCAR, 2013, p. 6) e Sérgio Branco criticam esta ressalva, pois na perspectiva deste último autor, "os pressupostos de existência de determinado direito devem ser entendidos *em sua totalidade*, ou seja, passíveis de aplicação independentemente da mídia em que circulam as informações acerca do fato que se pretende esquecer"(BRANCO, 2017, p. 152).
[145] STF, Recurso Extraordinário, nº 1.010.606, sob a relatoria do Min. Dias Toffoli.

indivíduos que se envolveram em eventos marcantes da história nacional, e (ii) extrair do corolário da proteção à privacidade o direito ao anonimato. Diante da veracidade das informações expostas, não se constatou que a TV Globo havia agido de má-fé, e, portanto, não havia cometido ato ilícito ao comunicar o ocorrido, além de ter sido reconhecido o interesse público na exposição do desastroso inquérito policial que seguiu a investigação da Chacina. Ao fim, reconheceu-se a caracterização do anonimato "como uma das vertentes da personalidade protegida pela privacidade/intimidade", concluindo-se que "o direito ao anonimato e ao esquecimento, em questões traumáticas à sociedade é mitigado, já que é impossível contar a história sem os dados elementares". Concluiu-se que o direito de informar havia sido exercido de maneira regular, não havendo a necessidade de reparação, razão pela qual o pedido de Jurandir foi julgado improcedente.

Em grau de apelação, a sentença foi reformada, e apenas neste momento processual o "direito ao esquecimento" foi expressamente citado pelo relator, quando o mesmo apresentou o caso alemão conhecido como Lebach I, e o caso americano da ex-prostituta Melvin, para justificar que determinadas histórias podem ser contadas sem que haja a necessidade de citar todos os personagens envolvidos. Por maioria, entendeu-se que a emissora de televisão poderia ter omitido o nome do autor, utilizando um pseudônimo em seu lugar, o que preservaria a privacidade "de quem, absolvido, exige o direito, derivado da dignidade da pessoa humana, de ser simplesmente esquecido". Assim, a sentença foi revertida, para condenar a TV Globo ao pagamento de indenização de R$ 50.000,00.

Foram interpostos recursos especial e extraordinário,[146] que foram negados na origem, razão pela qual foi apresentado agravo, levando o conhecimento da matéria ao STJ e ao STF. No âmbito do STJ foi apontado que o cerne da questão tratava da "ausência de contemporaneidade da notícia de fatos passados, a qual, segundo o entendimento do autor, reabriu antigas feridas, já superadas, e reascendeu a desconfiança da sociedade quanto à sua índole (...)"(STJ, 2013a, p. 22). Foi destacada que a questão deveria ser resolvida pela ponderação entre os direitos da personalidade e os direitos à liberdade de expressão e à informação, que seria feita dentro do atual contexto das transformações sociais, culturais e tecnológicas.

---

[146] Foi reconhecida a repercussão geral da matéria, razão pela qual o agravo em recurso extraordinário foi suspenso.

Questionou-se, ao final do voto, se o "direito ao esquecimento" deveria ser recepcionado pelo ordenamento jurídico brasileiro, o que foi confirmado, à luz de dispositivos tanto no âmbito cível, quanto penal, de que há instrumentos que permitem o "esquecimento e a estabilização do passado" (STJ, 2013a, p. 34)[147]. O "direito ao esquecimento" foi conceituado como "um direito de não ser lembrado contra sua vontade, especificamente no tocante a fatos desabonadores, de natureza criminal, nos quais se envolveu, mas que, posteriormente, fora inocentado" (STJ, 2013a, p. 23). Ainda, considerou-se que uma informação criminal não poderia ser eternizada, e possuiria uma "vida útil" que, transcorrida a causa que a legitimava, sua exposição poderia ser considerada posteriormente ilícita. Ou seja, "embora a notícia inverídica seja um obstáculo à liberdade de informação, a veracidade da notícia não confere a ela inquestionável licitude, muito menos transforma a liberdade de imprensa em um direito absoluto e ilimitado" (STJ, 2013a, p. 43). O "direito ao esquecimento", considerado como um "direito à esperança (...) da regenerabilidade humana" (STJ, 2013a, p. 45), teria guarida e aplicabilidade no direito interno, e decorreria dos direitos fundamentais e da dignidade da pessoa humana, mas também do direito positivo infraconstitucional. Ou seja:

> A assertiva de que uma notícia lícita não se transforma em ilícita com o simples passar do tempo não tem nenhuma base jurídica. O ordenamento é repleto de previsões em que a significação conferida pelo Direito à passagem do tempo é exatamente o esquecimento e a estabilização do passado, mostrando-se ilícito sim reagitar o que a lei pretende sepultar (STJ, 2013a, p. 40)

Feitas as ponderações, no momento de analisar o caso concreto, mesmo o STJ reconhecendo que o episódio da Chacina da Candelária constituía um fato histórico, em razão da atrapalhada investigação policial que se seguiu, destacou-se que a narrativa do episódio poderia ter ocorrido sem a exposição do nome e imagem de Jurandir, sem que isto prejudicasse a verossimilhança da narrativa. A segunda exposição do fato foi considerada como uma segunda ofensa à sua dignidade, e, segundo o acórdão, haveria,

---

[147] São eles: o Código de Defesa do Consumidor, art. 43 § 1º; o Código Penal, art. 93, o Código de Processo Penal, art. 748 e a Lei de Execuções Penais, art. 202. Além dos seguintes institutos: prescrição, decadência, perdão, anistia, irretroatividade da lei, respeito ao direito adquirido, ato jurídico perfeito e coisa julgada.

de regra, uma preferência constitucional para soluções protetivas da pessoa humana (vida privada, intimidade, honra, imagem e nos valores da pessoa e da família, previstas no art. 220, § 1o, art. 221 e no § 3o do art. 222 da CFRB)[148]. Assim, feitas as considerações, o recurso da emissora de TV foi rejeitado, e mantida a condenação imposta pelo Tribunal.[149]

Como se pode observar, o caso da Chacina da Candelária não teve início com um pedido baseado no "direito ao esquecimento", e sim no direito à imagem e à privacidade do autor (em que o mesmo pleiteava por seu direito ao anonimato), tendo ganhado tal tônica apenas quando o relator da apelação, no Tribunal de Justiça do Estado do Rio de Janeiro, faz menção ao mesmo. Caminhando para o STJ, percebe-se que o julgamento se assemelha aos casos analisados no primeiro capítulo sobre o clássico *droit à l'oubli*. Nestes, há a necessidade de se resolver o conflito entre os direitos fundamentais da liberdade de expressão e acesso à informação e os direitos da personalidade, envolvendo um tradicional meio de comunicação. Inclusive, os casos Lebach I e da ex-prostituta Melvin são mencionados pelo voto do relator como exemplos da origem do "direito ao esquecimento", destacando que o mesmo surge a partir de uma necessidade da proteção da vida privada.

Assim, o STJ reconheceu e aplicou o "direito ao esquecimento" ao caso concreto, tendo o compreendido como o direito do indivíduo de "não ser lembrado contra sua vontade, especificamente no tocante a fatos desabonadores, de natureza criminal", concluindo-se que uma informação criminal possui uma "vida útil", e pode tornar-se ilícita com o decurso do tempo (evidenciando um raciocínio parecido com o da Corte Constitucional colombiana). De forma semelhante ao que foi decidido no julgamento do Lebach I, o fato de o episódio mencionar o nome e expor a imagem de Jurandir parece ter sido um fator determinante para o desfecho do caso.

4.1.2. O Caso Aída Curi

Em 2008, mais uma vez, a TV Globo, no mesmo programa "Linha Direta – Justiça" retratou o homicídio de Aída Curi, ocorrido em 1958, e que à

---

[148] Esta perspectiva está na contramão do que estabeleceu o Supremo Tribunal Federal na ADPF 130, e, mais recentemente, na ADI 485, em relação à posição preferencial da liberdade de expressão.

[149] Para uma análise mais detalhada dos argumentos apresentados no caso ver FRAJHOF, 2017.

época do ocorrido havia sido amplamente divulgado pela mídia. Assim como no caso de Jurandir, os irmãos da vítima, Nelson Curi, Waldir Cury e Maurício Curi notificaram a emissora para que o programa não fosse transmitido, pois isto "reabriria feridas antigas" dos mesmos. No entanto, o programa foi ao ar, o que motivou o ajuizamento da demanda em face da emissora. Os autores requereram o pagamento de indenização a título de danos morais e materiais, sob a alegação de que a ré teria explorado economicamente o nome, história pessoal e imagem de Aída Curi e dos autores, além de ter auferido verbas publicitárias com a exibição do programa, o que configuraria enriquecimento ilícito por parte da mesma.

Em sua sentença, o juiz de primeira instância fixou como ponto controvertido a verificação ou não da violação dos direitos personalíssimos dos autores, como a honra e a imagem, diante da veiculação do episódio "Aída", o que justificaria a reparação pecuniária requerida. Após destacar que a TV Globo havia se baseado na reprodução dos fatos ocorridos à época para reproduzir o episódio, o magistrado, ao realizar a ponderação entre os direitos à liberdade de expressão e de imprensa e os direitos da personalidade, afirmou que não fora comprovado que o episódio havia majorado o lucro da ré, o que o levou a julgar a demanda improcedente.

Em grau de recurso, o Tribunal manteve a sentença sustentando que os fatos narrados eram de conhecimento público e já teriam sido amplamente noticiados à época do acontecimento. Foi destacado que o dever de comunicação da empresa, naquele caso, deveria se sobrepor ao dever individual de alguns que desejam ver esquecido o passado. Ressalte-se que o único momento em que o termo "esquecimento" foi utilizado na demanda se deu quando o relator, no acórdão, afirmou que esquecer não significaria o "caminho salvador para tudo", e que "muitas vezes é necessário reviver o passado para que as novas gerações fiquem alertadas e repensem alguns procedimentos de conduta do presente". Interpostos recursos especial e extraordinário,[150] os mesmos não foram admitidos na origem, tendo subido ao STJ e STF por meio de agravo.

O julgamento do episódio Aída apenas se torna um caso de "direito ao esquecimento" quando alcança o Superior Tribunal de Justiça, onde

---

[150] STF, RExt nº 1.010.606, sob a relatoria do Min. Dias Toffoli. De acordo com o seu andamento processual, o recurso foi apensado ao recurso extraordinário apresentado pelos autores no âmbito do STJ.

os recorrentes alegam em seu recurso que este direito teria sido violado quando a emissora de televisão reconstruiu o crime no programa Linha Direta. Assim como o caso da Chacina, este julgamento também trata de eventos criminosos que ocorreram no passado. Contudo, ambos tiveram resultados diferentes. Na Chacina da Candelária foi reconhecida a violação do "direito ao esquecimento" do autor, enquanto no caso Aída não. O que motivou esta decisão no caso Aída foi (i) o fato de o crime ter sido considerado como importante para a história brasileira, sendo amplamente estudado pela academia, (ii) a impossibilidade de se retratar o caso Aída Curi sem Aída Curi, (iii) a não comprovação da "artificiosidade ou o abuso antecedente na cobertura do crime" no passado, e (iv) o longo tempo decorrido entre o crime e a transmissão do programa. Por tais motivos, de acordo com o STJ, o caso deveria ser tratado como uma das "exceções decorrentes da ampla publicidade a que podem se sujeitar alguns delitos" (STJ, 2013b, p. 38)[151].

Os irmãos de Aída Curi interpuseram recurso extraordinário (que teve seu seguimento negado pelo TJRJ, mas que alcançou o STF por meio de agravo), o qual já foi distribuído para o Ministro Dias Toffoli (RExt nº 1.010.606). Em junho de 2017 foi designada audiência pública sobre o caso, onde importantes considerações sobre o "direito ao esquecimento" foram feitas, cujos principais pontos já foram destacados na primeira parte deste livro.[152] Ao se manifestar sobre o recurso extraordinário, o Procurador Geral da República, Rodrigo Janot, foi taxativo ao afirmar que não seria possível limitar os direitos à liberdade de expressão e de comunicação ao exigir autorização prévia para publicação de lembranças de fatos pretéritos, tampouco seria possível admitir a existência de direito subjetivo à indenização por tal lembrança.

Assim como no caso da Chacina da Candelária, o processo de Aída Curi não se inicia com um pedido de "direito ao esquecimento", tendo como fundamento a violação dos direitos da personalidade, em especial, o nome, a história pessoal e a imagem, de Aída e de seus irmãos. Tampouco no acórdão em segunda instância tal direito é suscitado. O caso também se assemelha

---

[151] Neste julgamento a Ministra Maria Isabel Gallotti e o Ministro Marco Buzzi divergiram do relator, argumentando que a TV Globo teria violado o artigo 20 do Código Civil de 2002, pois a imagem de Aída Curi teria sido utilizada com fins comerciais, e isto exigia o consentimento dos seus familiares, que não foi concedido no caso concreto.
[152] Do tópico 2.1.1 ao 2.1.5.

aos julgamentos do *droit à l'oubli*, cabendo destacar que o Ministro Relator ressaltou em seu voto que "o reconhecimento, em tese, de um direito de esquecimento não conduz necessariamente ao dever de indenizar" (STJ, 2013b, p. 41). Embora as decisões tenham chegado a resultados distintos, diante dos elementos fáticos em cada caso, na opinião de Sérgio Branco:

> A liberdade de expressão foi preservada em ambos, ainda que em graus diferentes. Ou seja, o STJ entendeu – diante dos casos que até o momento teve que apreciar – que o direito ao esquecimento pode ser protegido desde que a liberdade de expressão não seja prejudicada (BRANCO, 2017, p. 157).

Isto porque, no caso da Chacina se entendeu que "o fato histórico poderia ser livremente mencionado sem que fosse necessário fazer referência ao envolvimento do autor da ação", fazendo sentido mencionar o nome do autor à época dos acontecimentos, mas não havendo justificativa para fazê-lo passado alguns anos. Por sua vez, no caso Aída Curi "seria impossível tutelar a liberdade de expressão sem que a vítima fosse mencionada" (BRANCO, 2017, p. 157).

Contrário a esta perspectiva, Daniel Sarmento afirma que os critérios utilizados pela 4ª Turma seriam incompatíveis com a Constituição, uma vez que as liberdades comunicativas garantiriam à TV Globo:

> Não só o direito à escolha dos fatos a serem narrados em sua programação, mas também do ângulo de análise destes fatos, bem como do conteúdo da sua narrativa, o que, naturalmente, envolve a eleição dos personagens cujas participações são retratadas (SARMENTO, 2015, p. 50).

Segundo aquele professor, não haveria base constitucional ou legal para o acolhimento do "direito ao esquecimento" no ordenamento jurídico brasileiro, nos termos estabelecidos nos casos Aída Curi e Chacina da Candelária, pois aquele seria demasiadamente vago e genérico, impondo um ônus excessivo às liberdades comunicativas, principalmente pela possibilidade de se "esquecer" fatos pretéritos que possuem inegável interesse público, como o são aqueles naqueles casos (SARMENTO, 2015, p. 49)[153].

---

[153] Merece ser ressalvado novamente, conforme já exposto no início deste capítulo, o fato de que Daniel Sarmento admite que o "direito ao esquecimento" apenas teria cabimento

Diante deste cenário, questiona-se a necessidade de se invocar o "direito ao esquecimento", tendo em vista que os primeiros casos que chegaram ao STJ sobre o assunto sequer iniciaram sua demanda com tal argumento, baseando seu pedido na violação dos direitos da personalidade, como o direito ao nome, à imagem e à privacidade. Além disso, o próprio Tribunal utilizou o método da ponderação daqueles direitos com a liberdade de expressão e de imprensa para resolver o conflito. O "direito ao esquecimento" surge, assim como nos casos do *droit à l'oubli*, mais como um *desejo* dos autores em esquecer determinado fato, e de não serem mais associados a ele ou serem lembrados dele, do que propriamente um direito autônomo. Como bem destacou Daniel Sarmento "nem todo desejo configura direito fundamental" (SARMENTO, 2015, p. 49).

Considerando que os autores das demandas pleitearam uma indenização, parece que eles "poderiam tanto fundamentar seu pedido nos institutos clássicos dos direitos da personalidade (honra, imagem, privacidade e intimidade), quanto no "direito ao esquecimento"", que o cerne da questão seria analisado sob o mesmo ângulo: o abalo moral e psíquico ou não do indivíduo em razão da veiculação de matéria jornalística que narrou fatos vinculados a processos criminais (FRAJHOF, 2017, p. 107). A temporalidade do acontecimento, sua retratação em um momento posterior e o dano causado, se assemelham mais a *critérios de julgamento* para auxiliar no sopesamento dos direitos envolvidos, do que uma nova garantia prevista pelo ordenamento. Recorde-se que no caso do *affaire* Landru, o termo "direito ao esquecimento" surgiu como uma interpretação do doutrinador Gérard Lyon-Caen ao pedido da autora pela *"prescription du silence"* (prescrição do silêncio), em razão da sua dificuldade em atribuir sentido à expressão utilizada por Mme S., e não como a invocação de um direito em si.

Ao menos nestes casos tradicionais do *droit à l'oubli*, em que os julgamentos da Chacina da Candelária e da Aída Curi se enquadrariam, o conflito apresentado ao julgador se resolve com a ponderação de direitos fundamentais já tutelados pelo ordenamento jurídico. Como afirma Luiz Fernando Moncau:

no ordenamento jurídico brasileiro enquanto uma garantia de proteção aos dados pessoais dos cidadãos.

Apenas a análise do caso concreto poderá indicar se existe uma restrição justificável à livre expressão. Por isso mesmo que as palavras importam: não estamos tratando (e não deveríamos repetir ao vento) de um direito ao esquecimento. Trata-se meramente de demandas por esquecimento, com múltiplos fundamentos, que serão aceitas ou não pelo Judiciário (MONCAU, 2017).

Pode-se dizer, portanto, que uma demanda por esquecimento, nos moldes do *droit à l'oubli*, poderá ser fundamentada tanto no "direito ao esquecimento", quanto nos tradicionais direitos da personalidade, e que a pretensão de reparação poderá ser conferida em ambos os casos. Por isso, questiona-se se o "direito ao esquecimento" nestes termos seria, de fato, um direito autônomo, quando, na realidade, qualquer outro direito da personalidade poderia ser invocado para fundamentar as demandas de *droit à l'oubli*.

Como se poderá notar a seguir, os elementos dos julgamentos ganharão outro contorno quando um pedido de "direito ao esquecimento" é direcionado ao provedor de pesquisa da internet. Serão analisados em seguida outros casos apreciados pelo STJ que trataram sobre o "direito ao esquecimento" no contexto do *droit à l'oubli*, além de pedidos que ocorreram no contexto virtual.

4.1.3. Xuxa vs. Google Brasil Ltda.

O emblemático caso da apresentadora de televisão Xuxa Meneguel foi julgado pelo STJ em junho de 2012, por meio do recurso especial nº 1.316.921/RJ,[154] em um importante julgamento que definiu o regime de responsabilidade civil subjetiva dos provedores de pesquisa, em tempos de ausência de qualquer marco regulatório sobre o assunto. Embora em nenhum momento o termo "direito ao esquecimento" tenha sido utilizado pelas partes, ou pelo próprio Tribunal, o caso trata de um tradicional caso de esquecimento na internet, à luz do julgamento do TJUE.

A demanda originária foi movida pela apresentadora em face da empresa Google, requerendo que o provedor de pesquisa removesse do seu resultado de busca qualquer *site* e/ou imagem que retornasse de uma

---

[154] STJ, Recurso Especial nº 1.316.921/RJ, 3a Turma, sob a relatoria do Min. Nancy Andrighi, j. em 26.06.2012.

busca feita pela expressão "xuxa pedófila", ou "qualquer outro termo que associ[asse] o nome da autora, escrito parcial ou integralmente, com ou sem erro de grafia, que a associ[asse] a uma prática criminosa"[155]. O pedido foi deferido em primeira instância por meio de liminar, confirmado pelo Tribunal de Justiça do Estado do Rio de Janeiro, apenas para restringir as imagens indicadas pela apresentadora em sua inicial, sem a exclusão dos demais *links* que eventualmente aparecessem. O Google contestou o acórdão, levando a questão até o Superior Tribunal de Justiça, que teria que definir quais seriam os limites da responsabilidade dos provedores de pesquisa pelo conteúdo gerado pelos usuários da internet.

No âmbito do STJ, reconheceu-se a existência de uma relação de consumo entre usuário e provedor, ainda que o serviço prestado fosse gratuito, pois o Google faria uso dos dados dos usuários para definir a venda de espaços publicitários e as preferências na ordem da listagem dos resultados de busca. Os provedores de pesquisa foram classificados como um gênero do provedor de conteúdo, uma vez que os mesmos "não incluem, hospedam, organizam ou de qualquer forma gerenciam as páginas virtuais indicadas nos resultados disponibilizados" (STJ, 2012, p. 10).[156] Portanto, descartando a teoria da responsabilidade objetiva dos provedores, e a teoria do risco da atividade (art. 927, parágrafo único, do Código Civil de 2002), reputou-se que seria ilegítima a responsabilização dos provedores pelo conteúdo que constasse na lista de resultado de uma busca realizada.

Neste julgamento, entendeu-se que não caberia ao provedor de busca realizar um controle prévio na identificação de conteúdos ilícitos ou ofensivos a determinada pessoa, diante da impossibilidade de automatizar este tipo de análise subjetiva. O usuário ofendido por determinado conteúdo deveria dirigir-se à página responsável pela postagem do mesmo para

---

[155] Na década de 80 Xuxa foi protagonista do filme *Amor, estranho amor*, onde aparecia em cenas íntimas com um adolescente que seria, na época, menor de idade. Após tornar-se apresentadora de TV de programas infantis, Xuxa resolveu propor a ação judicial, alegando incompatibilidade entre sua imagem no passado e sua imagem atual.

[156] Os provedores de pesquisa foram assim conceituados: "Os provedores de pesquisa realizam suas buscas dentro de um universo virtual, cujo acesso é público e irrestrito, ou seja, seu papel se restringe à identificação de páginas na web onde determinado dado ou informação, ainda que ilícito, estão sendo livremente veiculados. Dessa forma, ainda que seus mecanismos de busca facilitem o acesso e a consequente divulgação de páginas cujo conteúdo seja potencialmente ilegal, fato é que essas páginas são públicas e compõem a rede mundial de computadores e, por isso, aparecem no resultado dos sites de pesquisa" (STJ, 2012, p. 13).

providenciar sua remoção, garantindo, desta forma, que aquela informação não retornasse mais quando de uma pesquisa feita em um provedor. No entanto, reconheceu-se que os sistemas dos provedores de pesquisa seriam capazes de cumprir com comandos objetivos, como aquele requerido pela autora, que não fossem retornados qualquer resultado de pesquisas que utilizassem como critério de busca o termo "xuxa pedófila".

Contudo, embora tenha sido reconhecida a possibilidade técnica de aplicar tal comando, julgou-se que tal medida teria pouca efetividade, pois o conteúdo que se deseja suprimir poderia ser acessado quando qualquer outro critério de pesquisa fosse utilizado, sendo passível de ser acessado em uma busca feita no mesmo, ou em outro provedor de pesquisa localizado em outro país. Juridicamente, a Ministra Relatora afirmou que este tipo de restrição constituiria uma forma de censura. A possibilidade de suprimir toda e qualquer imagem ou *link* que retorne de uma pesquisa implicaria na violação do direito ao acesso à informação (artigo 220, da CFRB). Portanto, concluiu-se que os provedores não poderiam ser obrigados a excluir do seu sistema os resultados de uma pesquisa feita por determinado termo ou expressão.

No que diz respeito à determinação do Tribunal em segunda instância, sobre a possibilidade de supressão do conteúdo previamente identificado pelo requerente, o STJ definiu que (i) a restrição só deverá ocorrer caso haja uma ordem judicial neste sentido,[157] e (ii) o requerente deverá identificar a URL das páginas consideradas ofensivas ou que possuem conteúdo ilegal, ou até mesmo o IP (*Internet Protocol*) do computador do responsável. Considerando a possibilidade de que a vítima consiga obter estas informações, o STJ entendeu que ela careceria de interesse de agir contra o provedor de pesquisa, pois seria possível que a mesma direcionasse sua pretensão ao ofensor, tornando, portanto, mais efetivo seu desejo de que determinado conteúdo não fosse mais disponibilizado na internet.

Assim, as seguintes conclusões sobre os provedores de pesquisa podem ser alcançadas a partir deste julgamento: (i) estes não são responsáveis pelo conteúdo gerado por terceiros, (ii) estes não podem ser obrigados a exercer um controle prévio do conteúdo que retornará no resultado de uma pesquisa feita por um usuário da internet, e (iii) estes não podem ser

---

[157] À época, existia um entendimento da Corte de que os provedores de conteúdo deveriam remover o conteúdo indicado pela vítima, bastando uma notificação extrajudicial para tanto.

obrigados a suprimir qualquer resultado de uma busca feita a partir de determinado texto ou expressão, mesmo quando for indicado o URL de onde o conteúdo encontra-se inserido. Diante desta decisão, a apresentadora ajuizou uma reclamação perante o Supremo Tribunal Federal,[158] que foi levada ao plenário da 2ª Turma por meio de agravo regimental, alegando que o referido recurso especial teria desrespeitado a súmula vinculante nº 10. Entretanto, o referido agravo foi desprovido.

Este entendimento em relação aos provedores de pesquisa tem sido mantido pelo STJ até o momento, e é recorrentemente citado e seguido pela Corte. Um ano após este julgamento, na Reclamação nº 5.072/AC,[159] a mesma 2ª Turma acompanhou a posição relativa à isenção de responsabilidade daqueles provedores em relação ao conteúdo de terceiros, e a ausência de qualquer obrigação de monitoramento de informações, ou de sua retirada, mesmo diante da sua identificação pela vítima.

4.1.4. Ricardo Zarattini Filho vs. Diário de Pernambuco S.A.

Em outubro de 2016, o STJ enfrentou mais um caso em que o recorrente alegou a violação do seu "direito ao esquecimento" pela veiculação de matéria jornalística que narra um fato ocorrido na época da ditadura militar no Brasil.[160] Ricardo Zarattini, ex-deputado federal, ajuizou uma ação indenizatória em face do jornal Diário de Pernambuco, diante da publicação, em 1995, de uma entrevista realizada com o advogado Wandekolk Wanderley, que tinha como pauta o comunismo e o regime da ditadura militar. Neste entrevista, o advogado teria acusado o autor, falsamente, da autoria do atentado no Aeroporto dos Guararapes em Pernambuco, ocorrido em julho de 1966. Segundo Zarattini, tanto as investigações sobre o referido episódio, quanto a ação penal motivada pelo mesmo, o absolveram. Ao analisar a controvérsia, o magistrado de primeira instância condenou o jornal a indenizar o ex-deputado por danos morais. No entanto, a sentença

---

[158] STF, Agravo Regimental na Reclamação nº 15.955, 2ª Turma, sob a relatoria do Ministro Celso de Mello, j. em 15.09.2015.

[159] STJ, Reclamação nº 5.072/AC, 2ª Turma, sob a relatoria do Ministro Marco Buzzi, j. em 11.12.2013. Neste caso, houve uma série de votos-vista e discussões relevantes e bem fundamentadas sobre o papel exercido pelos provedores na sociedade da informação.

[160] STJ, Recurso Especial nº 1.369.571/PE, 3a Turma, sob a relatoria do Min. Paulo de Tarso Sanseverino, j. em 28.10.2016.

foi revertida em segunda instância, o que levou à interposição do recurso especial perante o STJ.

Assim como nos casos Aída Curi e Chacina da Candelária, o direito violado pelo autor, inicialmente, teria sido seu direito à honra e à imagem. O "direito ao esquecimento" foi invocado apenas no âmbito do STJ, pelo voto divergente do Ministro Ricardo Villas Bôas Cueva, que entendeu que aquele seria um "moderno princípio da responsabilidade civil". Embora o relator do recurso, Ministro Paulo de Tarso Sanseverino, tenha negado provimento ao apelo interposto por Zarattini, o Ministro Ricardo Villas Bôas Cueva divergiu do relator, sendo acompanhado pela maioria da Turma, dando provimento ao recurso. Entre outros argumentos que motivaram sua posição,[161] o Ministro suscitou a tese do "direito ao esquecimento" em favor do ex-deputado, uma vez que o mesmo havia sido beneficiado pela anistia.

Embora tenha havido divergência entre os Ministros, cabe destacar um trecho do voto-vista do Ministro João Otávio de Noronha, em que alega a ausência de enquadramento jurídico do "direito ao esquecimento" na hipótese analisada "por se tratar de episódio de inegável relevância para a compreensão do momento histórico por que passava o país, constituindo-se, portanto, matéria de inequívoco interesse público" (STJ, 2016, p. 48). O precedente criado a partir deste julgamento gera algum desconforto, diante da possibilidade de que qualquer figura pública que tenha sido beneficiada pela anistia tenha um "direito ao esquecimento". Considerando que o critério de interesse público deve ser levado em consideração no acolhimento ou não de pedidos por esquecimento, este julgamento parece ser uma ameaça para casos futuros que se revistam desta qualidade.

Além disso, há um elemento fático importante que diferencia este caso dos demais, podendo-se alegar que o STJ cometeu um equívoco ao utilizar o "direito ao esquecimento" como um dos fundamentos para resolver a controvérsia. Isto porque aquele direito é tradicionalmente alegado quando

---

[161] Em síntese, os argumentos que divergiram do voto do relator foram: "(a) ser possível o controle do conteúdo da entrevista por parte da empresa jornalística; (b) estarem os fatos narrados na matéria jornalística acobertados pela Lei da Anistia, que reflete decisão política inspirada na ideia de pacificação social; (c) ser necessária a observância do direito ao esquecimento, moderno princípio da responsabilidade civil; (d) ser desnecessária a prova inequívoca da má-fé da publicação; e (e) não ter sido produzida pela empresa jornalística "prova fundamental consistente na demonstração de que o entrevistado efetivamente declarara que o recorrente tivera participação no atentado do Aeroporto dos Guararapes" (STJ, 2016, p. 48).

informações pretéritas, obtidas de maneira lícita e que tratem sobre fatos verdadeiros, não devam mais ser comunicadas ao público após o transcurso de determinado tempo. Zarattini sustenta que o advogado o teria acusado falsamente do cometimento de um crime do qual nunca existiu prova conclusiva sobre a sua autoria,[162] fato este reconhecido pelo juízo de primeira instância[163] e pelo próprio voto do Ministro Ricardo Villas Bôas Cueva. Portanto, considerando que o fato controverso carece de veracidade, o pedido pelo "direito ao esquecimento" tampouco se justifica.

Embora não tenha sido mencionado pelos Ministros, pode ser questionado se o fato de ter sido garantido o "direito ao esquecimento" de Zarattini significa dizer que tal episódio não poderia ser mais objeto de matérias jornalísticas, ou até mesmo de programas televisivos. E se, como se deu no caso González, o arquivo do jornal fosse digitalizado e a referida matéria fizesse parte do acervo digital do Diário de Pernambuco, sendo disponibilizado tanto em seu *site*, como por meio de pesquisa realizada em um provedor de busca, como deveria o STJ conciliar o "direito ao esquecimento" no universo analógico com o mundo digital? E, mais uma vez, teria sido necessário invocar este direito para a resolução do caso concreto, quando os direitos alegadamente violados pelo autor teriam sido os direitos à honra e à imagem? Os elementos do julgamento não parecem apontar para respostas a estas perguntas.

4.1.5. S.M.S vs. Google Brasil Ltda.

Este é o primeiro caso analisado pelo STJ que trata sobre a responsabilidade civil dos provedores de busca por conteúdo gerado por terceiros, em que o pedido de desindexação formulado pela parte autora é taxado como o "direito ao esquecimento", sendo descrito como a obrigação do provedor de "filtrar o conteúdo dos resultados de busca que contenham o

---

[162] Ver em: <http://politica.estadao.com.br/noticias/geral,comissao-mostra-papeis-que-inocentam-presos-politicos,1106795> Acesso em 04.11.2017.

[163] "Por tais razoes deveria a demandada, ao divulgar a matéria "o comunismo não está morto", ter feito as ressalvas necessárias no sentido de preservar a integridade moral do suplicante. Conceder-lhe espaço para que pudesse exercer o direito de resposta às imputações assacadas pelo entrevistado, aqui litisdenunciado. E que inexiste prova conclusiva de que tenha RICARDO ZARATTINI FILHO fabricado uma bomba para detoná-la no Aeroporto dos Guararapes no dia vinte e cinco (25) de julho de 1966"

nome da recorrida". Além disso, este julgamento ocorreu na vigência do Marco Civil da Internet, o que torna o entendimento firmado no mesmo de suma importância, pois ditará como que os demais casos que tratem sobre a responsabilidade civil dos provedores deverão ser julgados no futuro.

O caso tratou de ação movida por S.M.S em face da empresa Google, visando que o provedor de pesquisa realizasse um bloqueio definitivo em seu sistema de busca para impedir que páginas que reproduzissem imagens suas de nudez retornassem de uma pesquisa feita em seu nome. Acompanhando o precedente do caso da Xuxa, o magistrado em primeira instância extinguiu o feito, sem análise do mérito, pela ausência de interesse de agir da autora e a ilegitimidade passiva da ré. Contudo, a sentença foi revertida no Tribunal, que deu provimento à apelação interposta pela autora, razão pela qual o Google interpôs recurso especial perante o STJ.[164]

Ao analisar o pedido de esquecimento direcionado a um buscador, ante a ausência de um precedente brasileiro que tratasse sobre o assunto, a Ministra relatora Nancy Andrighi fez referência ao caso González, mas não aplicou o mesmo entendimento ali firmado, diante dos diferentes pressupostos legais existentes entre a União Europeia e o Brasil, e, principalmente, diante da ausência, naquele momento, de uma lei geral que garantisse a proteção de dados pessoais dos cidadãos brasileiros. A adoção desta solução, segundo a relatora, significaria atribuir ao provedor de aplicação "a função de um verdadeiro censor digital, que vigiará o que pode ou não ser facilmente acessado pelo público em geral" (STJ, 2016b, p. 16).

Além disso, ao analisar o artigo 7º, incisos I e X, do Marco Civil da Internet[165], concluiu-se que a pretensão de exclusão de dados pessoais só poderia ser dirigida quando o indivíduo os tivesse fornecido para determinado provedor de aplicações da internet em razão de uma relação contratual existente entre as partes. Segundo a Ministra Relatora, este dispositivo

---

[164] STJ, Agravo Interno em Recurso Especial nº 1.593.873/SP, sob a relatoria da Min. Nancy Andrighi, j. em 10.11.2016.

[165] "Art. 7o O acesso à internet é essencial ao exercício da cidadania, e ao usuário são assegurados os seguintes direitos:
I - inviolabilidade da intimidade e da vida privada, sua proteção e indenização pelo dano material ou moral decorrente de sua violação;
X - exclusão definitiva dos dados pessoais que tiver fornecido a determinada aplicação de internet, a seu requerimento, ao término da relação entre as partes, ressalvadas as hipóteses de guarda obrigatória de registros previstas nesta Lei"

não poderia ser aplicado ao caso concreto, tendo em vista que S.M.S não teria fornecido qualquer informação pessoal ao Google no contexto de uma relação contratual. Logo, entendeu-se que o referido artigo, que tem sido considerado por alguns como um "pequeno 'direito ao esquecimento'" (CUNHA; ITAGIBA, 2016, p. 7) não se estenderia a informações que foram publicamente disponibilizadas na internet (BANERJI; DUTT; HALLWASS et al., 2017, p. 84).

Assim, mantendo o entendimento do STJ firmado no caso da apresentadora de TV, concluiu-se que não existiria no ordenamento jurídico brasileiro fundamento normativo para imputar ao Google "a obrigação de implementar o direito ao esquecimento" de S.M.S, uma vez que tal obrigação deveria recair diretamente sobre o responsável pela informação na internet. Ao final, houve uma preocupação em separar os casos tradicionais do *droit à l'oubli* que foram analisados pelo STJ (Chacina da Candelária e Aída Curi) do julgamento do "direito ao esquecimento" na internet, destacando que ambos constituem situações distintas:

> A primeira não aborda diretamente a responsabilidade do provedor de aplicação de busca na internet, ao envolver apenas empresas de comunicação televisiva, como nos julgamentos dos REsp 1.335.153/RJ e REsp 1.334.097/RJ. A segunda, em que se encontra o decidido no REsp 1.316.921/RJ, quando aborda a questão do direito ao esquecimento no ambiente digital, rejeita imputar ao provedor de buscas a obrigação de fiscalizar o conteúdo acessível ao público, como expressamente afirmado naquela oportunidade (STJ, 2016b, p. 17).

Portanto, à luz da jurisprudência do STJ, não existiria fundamento jurídico para requerer a desindexação de um conteúdo gerado por outros usuários, pedido este baseado no "direito ao esquecimento".

É importante ressaltar que este nem sempre foi o entendimento do STJ sobre o assunto. Houve uma mudança na interpretação da Corte sobre a responsabilidade civil dos provedores de aplicação, principalmente diante da promulgação do Marco Civil da Internet, que trata sobre o assunto em seu artigo 19. Especificamente no que diz respeito aos provedores de pesquisa, o STJ tem dado um tratamento distinto aos mesmos em comparação a outros provedores de aplicação, como as redes sociais e os *sites* de hospedagem (SOUZA; LEMOS, 2016, p. 87). Isto porque há uma total isenção dos provedores de pesquisa do dever de indenizar vítimas pelo conteúdo disponibilizado em sua chave de busca, bem como da sua obrigação de retirada de conteúdo, mesmo que este tenha sido identificado pela vítima (SOUZA; LEMOS, 2016, p. 91).

Pode-se concluir, portanto, que o "direito ao esquecimento" na internet, da forma como compreendido pelo TJUE no caso González, foi expressamente rejeitado, não apenas diante das diferenças normativas em que as decisões se basearam, mas também pela jurisprudência consolidada do STJ sobre a isenção de responsabilidade dos provedores de pesquisa por conteúdo produzido por terceiros. Note que, de acordo com o voto relator, não importa o tipo de conteúdo que se deseja desindexar, seja ele de natureza privada ou pública, pois aqueles provedores não se responsabilizarão por qualquer conteúdo disponibilizado *online* por usuários da internet.

Em que pese tal entendimento, para se ter uma melhor perspectiva do cenário jurisprudencial sobre o tema, foi realizada uma pesquisa nos Tribunais de Justiça Estaduais, para avaliar como tais instâncias têm avaliado o "direito ao esquecimento", assim como quais os pedidos que têm ganhado tal rótulo pelas partes. Enquanto a Corte Constitucional não se manifesta sobre o assunto, e com os recentes julgamentos do STJ sobre o "direito ao esquecimento", é interessante analisar as demandas que têm chegado aos tribunais, e a forma que as mesmas têm sido decididas.

4.2. O "Direito ao Esquecimento" nos Tribunais de Justiça Estaduais

Foi feita uma pesquisa jurisprudencial em seis Tribunais de Justiça Estaduais do país: São Paulo, Rio de Janeiro, Paraná, Amazonas, Paraíba e Distrito Federal e Territórios, representando as cinco regiões geográficas brasileiras, Sudeste, Sul, Norte, Nordeste e Centro-Oeste.[166] A escolha por Amazonas e pela Paraíba se deu pelo maior número de casos que retornaram de uma pesquisa jurisprudencial inicialmente realizada nos sítios eletrônicos dos Tribunais. É curioso que nestas regiões a questão do "direito ao esquecimento" não tenha tomado tamanha relevância, ao menos no âmbito cível, como nos Tribunais do Sul, Sudeste e Centro-Oeste. Com exceção

---

[166] Cada região é representada na presente pesquisa por um Tribunal de Justiça Estadual, à exceção do sudeste, que teve dois Tribunais (TJSP e TJRJ) incluídos.

do Rio Grande do Norte, em que houve um maior número de acórdãos retornados,[167] a maioria dos Tribunais de Justiça do Norte e do Nordeste não retornou nenhum resultado quando o termo foi pesquisado (Pernambuco e Ceará retornaram apenas um agravo de instrumento, Sergipe retornou quatro apelações cíveis e o Pará apresentou seis acórdãos, mas nenhum deles era apelação cível).

O objetivo da pesquisa era entender quais os tipos de pedidos que estavam alcançando o judiciário sob a denominação do "direito ao esquecimento", seus fundamentos, e a forma que os magistrados e desembargadores estavam julgando tais pleitos. As hipóteses iniciais da pesquisa foram que (i) o termo "direito ao esquecimento" poderia justificar uma série de pedidos: desindexação de conteúdo pelos provedores de pesquisa, remoção de conteúdo pelos responsáveis pela edição, publicação ou disponibilização da informação (seja a mídia tradicional ou as redes sociais), indenização a título de danos morais, podendo tal pleito ser formulado sozinho, ou em conjunto com os demais; e (ii) que haveria um número maior de demandas que tratassem de conteúdo público do que informações consideradas privadas, ou seja, quando do momento da sua publicação, ou da ocorrência do fato, houvesse uma expectativa de privacidade em relação à mesma. Outra pergunta que se buscava responder é se a ideia de um "direito ao esquecimento", difundida pela decisão do caso González, teria motivado um aumento substancial de demandas por esquecimento na internet a partir de maio de 2014.

A pesquisa examinou os resultados obtidos a partir da busca feita no banco de dados de jurisprudência no sítio eletrônico de cada Tribunal, por meio da palavra-chave "direito ao esquecimento", restringindo-se a busca ao âmbito das Câmaras e Turmas Recursais Cíveis, durante o período de 01.05.2014 ao 01.10.2017. Foram analisados acórdãos de apelações cíveis, excluindo as decisões monocráticas, os agravos de instrumento, os embargos de declaração e os mandados de segurança em que o Tribunal tivesse competência originária.

Cada Tribunal de Justiça mantém um mecanismo de busca de jurisprudência próprio. Alguns Tribunais pesquisam a palavra-chave apenas

---

[167] Eram majoritariamente apelações criminais e embargos de declaração em apelações criminais, também retornando apelações cíveis que não guardavam estrita relação com o tema do "direito ao esquecimento", entre outros.

no texto da ementa do acórdão (Rio de Janeiro e Amazonas), enquanto nos demais casos, os termos de busca são pesquisados no texto integral do acórdão. Isto fez com que os resultados da pesquisa variassem entre os Tribunais. Conforme o esperado, as pesquisas realizadas sobre o inteiro teor dos acórdãos foram mais abrangentes, incluindo processos que não guardavam estrita relação com casos de "direito ao esquecimento", e que por isso foram excluídos da análise. Finalmente, foram excluídos da presente análise quatro processos que corriam em segredo de justiça, todos do TJRJ. Essa exclusão foi necessária, vez que não foi possível identificar nenhuma das categorias desta pesquisa em virtude do sigilo.

Feitas estas exclusões, o universo de pesquisa consistiu em 106 (cento e seis) casos, com bastante variedade entre os tipos de pedidos formulados. Excluindo os processos em que não foi possível identificar o que foi requerido pelo autor (apenas quatro casos do total, que corriam em segredo de justiça), foram identificados 15 tipos de pedidos diferentes.[168] Há casos em que o autor pleiteia que seja anulada ou declarada ilícita uma decisão da administração pública que o inabilita ou exclui de concurso público que, na maior parte dos casos, o faz diante de registros que indicam que o autor já teria sido parte em processo criminal ou inquérito penal. Isto porque tais registros não deveriam mais ser utilizados pelo poder público para inabilitar candidatos, em razão do transcurso do tempo desde o proferimento de sentenças judiciais extintivas de punibilidade ou inquéritos em que não foi comprovada a culpabilidade do acusado. Neste mesmo sentido, mas em um contexto diferente, consumidores têm requerido, sob o fundamento de um "direito ao esquecimento", que seus nomes sejam retirados dos cadastros restritivos de crédito, pois transcorrido o prazo de cinco anos previsto em lei há uma obrigação de que as empresas retirem a anotação de inadimplência do consumidor.

---

[168] De forma sintetizada, os pedidos eram estes: abstenção de republicar reportagem, declaração de ilegalidade e anulação de ato administrativo que impediu indivíduo de participar de certame público diante de sentença penal pré-existente, declaração de inexistência de débito e retirada do nome do consumidor dos cadastros restritivos de crédito, retificação de documento público, retratação pública, direito de resposta, desindexação genérica, desindexação com indicação de URL, retirada de sugestão de termos de busca da chave de pesquisa do provedor, fornecimento de IP, remoção de conteúdo, exclusão de dados de sistema administrativo, impedir veiculação de conteúdo na TV e retificação da informação.

Há quem peça, ainda, a abstenção de publicação de determinada reportagem ou da veiculação de certas imagens em programa de TV, a retratação pública, o direito de resposta, a retificação da notícia, ou um pedido de indenização por danos morais, podendo tais pedidos serem feitos individualmente ou cumulados entre si. Um caso interessante tratou de um pedido para que fosse feita uma retificação na certidão de nascimento de determinado sujeito, para alterar seu nome e seu gênero, de masculino para feminino, diante da sua mudança de sexo. A demanda foi julgada improcedente em primeira instância, mas revertida pelo Tribunal de Justiça do Paraná, determinando-se que fosse realizada esta alteração com a omissão no documento público da referência ao outro sexo.

Entretanto, certamente os pedidos mais recorrentes dizem respeito (i) à desindexação, que pode ser (i.a) genérica, quando o autor requer que nenhum *link* relacionado a determinado fato retorne em uma busca feita em seu nome no provedor de busca demandado, ou (i.b) com indicação do URL, em que a vítima já identifica na ação os *links* que deseja desindexar; e (ii) a remoção de conteúdo, sendo tais pleitos formulados como pedidos únicos ou cumulados com pedidos de indenização, retratação, retificação, etc. O pedido de desindexação (genérica ou com indicação do URL, como um pedido autônomo ou cumulado com outros) representa 41,12% do total dos pleitos requeridos, enquanto o pedido de remoção (como um pedido autônomo ou cumulado com outros) representa 30,84%. Em relação a todos os pedidos de desindexação, 56,82% foram julgados improcedentes em primeira instância, e 43,18% foram julgados parcial ou totalmente procedentes, e o "direito ao esquecimento" foi mantido em segunda instância apenas 37,21% das vezes.[169] Quanto ao pedido de remoção, 45,45% foram julgados improcedentes em primeira instância e 54,54% foram julgados parcial ou totalmente procedentes, e o "direito ao esquecimento" foi mantido em segunda instância 37,5% das vezes.

Outro dado curioso é que em apenas 37,21% dos casos de desindexação o autor fundamentava seu pedido como uma violação do seu "direito ao esquecimento", requerendo, portanto, que determinada informação deixasse de aparecer no resultado de pesquisa quando uma busca em seu

---

[169] Para verificar se o "direito ao esquecimento" foi concedido ou não em segunda instância, foi verificado se o pedido feito pela parte, justificado pela suposta violação ao "direito ao esquecimento", foi mantido ou reformado pelos desembargadores.

nome é feita no provedor, enquanto nos demais casos (62,79% das vezes) é requerida a mera desindexação, sem que tal obrigação seja denominada enquanto um direito a ser esquecido.

Do total de casos analisados, a maior parte do conteúdo que se pretendia retirar foi classificada como pública, salvo nas hipóteses em que não foi possível identificar o seu teor (porque não havia a descrição do conteúdo na sentença ou no acórdão do processo), ou nas hipóteses em que tal conceito não seria aplicável ao caso concreto.[170] Apenas dois processos foram qualificados como contendo informações privadas[171] (sendo que um deles envolvia informações que continham aspectos públicos e privados[172]). Para definir o que seria um conteúdo público ou um conteúdo privado avaliou-se se o indivíduo teria uma legítima expectativa de privacidade em relação ao mesmo no momento que o fato teria ocorrido.

Surpreendentemente, 60,75% dos casos tratavam de conteúdo criminal,[173] sendo que 30,8% destes casos envolviam pessoas públicas, como políticos, secretário de Estado, magistrado, promotor de Justiça, policial militar e delegado. Contudo, embora grande parte do conteúdo que se pretendesse retirar tenha sido considerado como público, 66,35% dos demandantes foram qualificados como pessoas privadas, sendo o restante pessoas públicas, jurídicas ou subcelebridades.

---

[170] Tais como casos que tratavam de pedidos para declarar a ilegalidade e anulação de ato administrativo que impediu indivíduo de participar de certame público diante de sentença penal pré-existente, declarar a inexistência de débito e retirada do nome do consumidor dos cadastros restritivos de crédito, fornecimento de dados cadastrais e IP de determinado perfil no Facebook alegadamente falso.

[171] Relativo a um pedido de remoção de um vídeo gravado pelo autor em âmbito particular, e que foi posteriormente enviado para um grupo de amigos, e acabou sendo compartilhado e publicado na internet (TJPR, Apelação Cível nº 0003159-14.2016.8.16.0019, 1ª Turma Recursal, sob a relatoria da Juíza Giani Maria Moreschi, j. em 07.07.2017)

[172] A demanda foi motivada pela publicação de matéria jornalística que divulgava fatos relacionados ao inventário dos falecidos pais de Andreas Albert Von Richthofen, e que também expunha imagens atuais do mesmo, que é irmão de Suzane Von Richthofen, que foi condenada pelo assassinato de seus pais (TJSP, Apelação Cível, nº 0067726-65.2012.8.26.0100 28ª Câmara Extraordinária de Direito Privado, sob a relatoria do Des. Teixeira Leite, j. em 30.08.2017).

[173] Essa proporção não inclui casos onde um candidato é eliminado de um certame público em razão de uma sentença penal pré-existente. Se incluirmos esses casos, o percentual é de 67,29%.

Intuitivamente, já era possível concluir que o maior demandado em casos que tratassem sobre "direito ao esquecimento" que envolvesse um pedido de desindexação seria a empresa Google, diante da posição que ela ocupa no mercado. A pesquisa confirmou esta suposição, demonstrando que aquela companhia aparece 46,73% das vezes como uma das partes das demandas, enquanto sua concorrente, Yahoo, aparece apenas quatro vezes (3,74%) como demandada. De fato, parece haver uma "eleição por parte da vítima de certo provedor de pesquisa em detrimento de outras ferramentas que poderiam ser utilizadas para se encontrar exatamente o mesmo conteúdo objeto da ação judicial movida" (SOUZA; LEMOS, 2016, p. 91). Assim, aciona-se apenas o Google, muito embora o mesmo material provavelmente esteja disponível também em outros mecanismos de busca, como o Yahoo.

Outra pergunta que se desejava verificar era se havia ocorrido um aumento de demandas por esquecimento a partir da publicização da decisão do caso González em maio de 2014. Embora não seja possível atribuir causalidade à decisão do TJUE, foi possível notar que desde 2014 (termo inicial da pesquisa), houve um aumento significativo de demandas por esquecimento no Brasil. Naquele ano, a pesquisa feita nos Tribunais retornou apenas oito processos; em 2015 retornaram vinte e dois; em 2016 foram quarenta e um e em 2017, trinta e sete (sendo que o termo final da pesquisa se deu em 1º de outubro, o que indica que até o final de 2017 poderia ter ocorrido um aumento significativo de pedidos).

Ano	Total de processos	"Direito ao esquecimento"	Honra	Privacidade	Imagem	Dignidade da pessoa humana	Direitos da personalidade
2014	8	5	1	0	1	2	1
2015	22	10	8	0	8	2	3
2016	40	20	7	8	15	7	1
2017	37	24	13	3	14	5	3
Total	107	59	29	11	38	16	8

Para analisar o direito tido como violado, verificou-se se a vítima fez uma alegação genérica de violação aos direitos da personalidade, podendo indicar individualmente cada um destes direitos (honra, privacidade, intimidade, imagem), de maneira conjunta ou não, fundamentar o pedido individualmente ou em conjunto com o princípio da dignidade da pessoa humana, e com o "direito ao esquecimento".[174] Como indica a tabela acima, ao contrário do que fora imaginado, os direitos que justificaram o pleito da demanda foram o "direito ao esquecimento", o direito à imagem e o direito à honra, que aparecem, proporcionalmente, 55,14%, 35,51% e 27,1% das vezes, respectivamente.

No mais, em uma análise mais quantitativa, sem identificar o que de fato foi decidido, 53,27% dos casos foram julgados improcedentes em primeira instância, 46,73% foram julgados procedentes ou parcialmente improcedentes. Em segunda instância, 54,72% dos recursos interpostos tiveram seu provimento negado, 45,28% foram dados provimento ou parcial provimento. No entanto, em uma análise mais qualitativa, verificou-se que apenas 37,5% dos casos em segunda instância tiveram o "direito ao esquecimento" garantido. Isto parece confirmar uma pesquisa realizada pelo jornal o Estado de São Paulo, em julho de 2016, que concluiu que apenas 1/3 dos tribunais estaduais concediam recursos com fundamento no "direito ao esquecimento" (AMENDOLA, 2016).

A partir da análise destes dados, chama atenção a variedade de pedidos que podem ser fundamentados no "direito ao esquecimento". Como já assinalado no início deste capítulo, as diversas demandas que surgem sob a alegação da violação a este direito merecem classificações distintas, pois não compartilham sempre das mesmas características. De acordo com Sérgio Branco, casos que envolvam a manutenção do nome do consumidor nos cadastros restritivos de crédito (art. 43 § 5º, do CDC), ou quando os dados criminais são utilizados de forma a criar entraves para a ressocialização do indivíduo, principalmente quando o uso de dados se dá pelo Estado, não seriam hipóteses de "direito ao esquecimento". Segundo aponta, nestas situações, quando o próprio Estado se vale de uma informação produzida por ele, e que não deveria mais ser utilizada pelo mesmo, diante do seu transcurso de tempo, "não se quer que o dado seja apagado, removido ou não divulgado publicamente; o que se quer é que o dado não seja usado para uma finalidade específica que pode causar prejuízo ao seu titular" (BRANCO, 2017, p. 179).

Contudo, considerando que mais da metade dos casos vistos nesta pesquisa tratou de informações que tinham interesse público, em especial,

---

[174] Esta informação foi obtida a partir do relatório, em que o desembargador relator apresenta uma síntese da demanda, indicando o fato motivador do ajuizamento da ação e o direito violado, ou no fundamento do voto do relator, onde são indicados os direitos tidos como violados pelo autor.

referentes a episódios criminais, percebe-se a necessidade de se debater a relação entre memória na internet e a ressocialização de ex-condenados. Embora se reconheça que nem todo criminoso mereça ser esquecido, atos delituosos ocorridos no passado podem tornar-se verdadeiro tormento quando expostos e disponibilizados na lembrança eterna da rede.

Quanto aos fundamentos alegados pelos autores, com exceção àqueles casos que tratam de demandas consumeristas e de pleitos requerendo a anulação da decisão de instituição administrativa, parece que os direitos da personalidade têm sido utilizados para justificar as demandas que pleiteiam pelo esquecimento, sendo certo que o "direito ao esquecimento" tem sido pedido de maneira autônoma, ou embasado junto com os direitos à honra e à imagem, evidenciando como a prática e a doutrina não estão convergindo no entendimento de que o "direito ao esquecimento" seria uma faceta do direito da privacidade.

No mais, percebe-se que há uma baixa aderência dos Tribunais de Justiça analisados em deferirem pedidos por esquecimento, conquanto haja certa indefinição dos magistrados em primeira instância sobre o tema, o que parece significar uma ausência de estabelecimento de critérios claros de como pedidos de "direito ao esquecimento" deverão ser decididos. Assim como parece haver certa indefinição sobre o assunto pelos magistrados, as propostas legislativas tampouco apontam para uma direção adequada, no sentido de realizarem um correto balanço entre os direitos envolvidos nos casos que tratem sobre o tema do "direito ao esquecimento".

4.3. Os Projetos de Lei sobre o "Direito ao Esquecimento" no Brasil

Existem alguns projetos de lei (PL) em trâmite perante o Congresso Nacional que buscam regulamentar e institucionalizar o "direito ao esquecimento". Embora se reconheça que já existam institutos e previsões normativas que poderiam fundamentar pedidos por esquecimento, tanto no âmbito cível, quanto no penal, o legislativo tem seguido a tendência mundial na tentativa de legislar sobre o "direito ao esquecimento" no contexto virtual.[175] As proposições legislativas brasileiras que cuidam do assunto

---

[175] O *Center for Internet and Society* na Universidade de Stanford, nos Estados Unidos da América, possui uma rede mundial colaborativa que monitora projetos de lei e decisões judiciais

tratam especificamente sobre o tema no ambiente da internet, muitas vezes fazendo referência em sua justificação à decisão do caso González, e demonstram uma preocupação muito clara em garantir que informações consideradas defasadas possam ser removidas do mundo *online*. Os PLs tratam do assunto da forma mais variada "desde a criação de leis próprias sobre o tema, até a inserção de sua disciplina no Marco Civil da Internet" (SOUZA; LEMOS, 2016, p. 129).

O primeiro projeto de lei que tratou sobre o assunto, PL nº 7.881/2014,[176] foi proposto pelo ex-deputado federal Eduardo Cunha,[177] e é especialmente preocupante diante da simplicidade com que o assunto, que é tão controverso, é tratado (SOUZA; LEMOS, 2016). O PL possui apenas dois artigos. O primeiro torna obrigatória a remoção de *links* dos provedores de pesquisa da internet que façam referência "a dados irrelevantes ou defasados, por iniciativa de qualquer cidadão ou a pedido da pessoa envolvida". O segundo determina que a lei entrará em vigor na data de sua publicação. Sua justificação se baseia em uma matéria publicada no jornal *O Globo,* em agosto de 2014, que trata, em poucas linhas, sobre a repercussão do caso González. Por sua vez, a matéria descreve o caso de maneira equivocada, indicando que o TJUE aprovou uma lei (quando isto jamais poderia ter sido feito, diante da atividade jurisdicional que lhe compete), e incompleta, pois sequer enfrentou os detalhes do caso, como a exceção da aplicação da regra a pessoas públicas ou a indicação de que o "direito ao esquecimento" se referiria apenas à possibilidade de desindexação de conteúdo, e não à sua remoção.

Os critérios utilizados pelo PL são extremamente vagos, subjetivos e indefinidos. Em relação ao critério da "irrelevância" dos dados, o PL sequer apresenta hipóteses de quando os mesmos se enquadrariam nesta situação, sendo um critério de difícil definição, e frequentemente debatido

---

que tratam sobre a responsabilidade civil dos intermediários na internet. No *site* deste centro de pesquisa é possível observar uma tendência global de legislar o "direito ao esquecimento" ou qualquer outra forma de responsabilização dos intermediários. Disponível em < http://cyberlaw.stanford.edu/our-work/projects/world-intermediary-liability-map-wilmap > Acesso em 20.11.2017.

[176] BRASIL. Projeto de lei nº 7.881/2014. Disponível em <http://www.camara.gov.br/proposicoesWeb/fichadetramitacao?idProposicao=621575> Acesso em 11.11.2017.

[177] O deputado teve seu cargo cassado pela Câmara dos Deputados em 2016, sendo condenado à 15 anos e 4 meses de reclusão, no âmbito da operação Lava-Jato. Atualmente, o ex-deputado encontra-se preso.

quando da aplicação do "direito ao esquecimento", principalmente diante da "controvérsia sobre como impedir que matérias de relevância pública sejam atingidas" (SOUZA; LEMOS, 2016, p. 130). A mesma crítica pode ser feita ao critério sobre o dado ser considerado "defasado", pois a utilidade e necessidade do pedido de remoção é questionável, ante a possibilidade de se requerer a atualização e retificação da informação, que deve ser direcionada diretamente ao responsável pelo conteúdo, e não ao intermediário.[178] A subjetividade e indefinição de ambos os critérios, assim como ocorre no caso González, constituem uma ameaça à liberdade de expressão, e, consequentemente, ao acesso à informação, diante da ausência de previsibilidade de como deverá ocorrer a ponderação daqueles direitos com os direitos da personalidade do indivíduo lesado.

Até o momento, este PL foi rejeitado pela Comissão de Defesa do Consumidor e Comissão de Cultura, e, pela ausência de interposição de qualquer recurso, o mesmo encontra-se arquivado desde o dia 11 de junho de 2017. A vagueza e a simplicidade do PL implicarão que um esforço legislativo seja realizado "para que não se converta em lei um PL tão frágil" (BRANCO, 2017, p. 185).

Outro projeto de lei que trata sobre o assunto foi apresentado pelo Senador Veneziano Vital do Rêgo, PL nº 1.676/2015[179], que tipifica o crime "de fotografar, filmar ou captar a voz de pessoa, sem autorização ou sem fins lícitos" (artigo 1º), e cria qualificadoras para as diferentes formas de divulgação do conteúdo. Não se pode ignorar que o proponente do PL é vinculado ao PMDB, principal partido político afetado pela operação Lava Jato, e que se viu fragilizado pela veiculação de diversas gravações, vídeos e imagens que vieram a público e registraram atos de corrupção de seus filiados. Como bem apontado por Sérgio Branco, o PL "essencialmente trata documentaristas, jornalistas, videomakers, em qualquer esfera, como potenciais violadores da lei" (BRANCO, 2017, p. 186).

---

[178] Sobre este ponto, Ronaldo Lemos e Carlos Affonso levantam questionamentos interessantes: "Existe um dever de periodicamente atualizar a informação existente na rede? Ou seria o direito de cada um exigir que a informação seja atualizada? Como se encontra redigido, ao invés de se buscar qualquer atualização sobre a informação, o PL parece optar pelo seu simples desaparecimento das chaves de busca" (SOUZA; LEMOS, 2016, p. 130).

[179] BRASIL. Projeto de lei nº 1.676/2015. Disponível em < http://www.camara.gov.br/proposicoesWeb/fichadetramitacao?idProposicao=1295741 > Acesso em 11.11.2017.

Continua o PL, em seu artigo 3º, prevendo que o "direito ao esquecimento" seria uma expressão da dignidade da pessoa humana, e "representa[ria] a garantia de desvinculação do nome, da imagem e demais aspectos da personalidade relativamente a fatos que, ainda que verídicos, não possuem, ou não possuem mais, interesse público". Em especial, seu parágrafo único permite que os titulares de tal direito poderão exigir "dos meios de comunicação social, dos provedores de conteúdo e dos sítios de busca da rede mundial de computadores, internet", que deixem de veicular, ou removam, o material que dispõe de fatos ilícitos ou comprometedores, independentemente de ordem judicial. É curioso que a ementa do PL, que indica a pretensão de tipificação de crime, e regulação de qualificadores, não guarda relação com o restante do projeto.

Similarmente ao que foi feito espontaneamente pelo Google após a decisão do caso González, o artigo 4º exige que aqueles personagens criem, dentro do prazo de noventa dias, "departamentos específicos para tratar do direito ao esquecimento, com a disponibilização de endereços físicos e telefones, destinados a receber reclamações, que deverão ser registradas numericamente". Nos parágrafos seguintes o procedimento para este requerimento é regulamentado, prevendo um prazo para manifestação de tais entes, e em seu parágrafo 5º é previsto que o não cumprimento desta obrigação ou o mau funcionamento deste serviço por parte "dos meios de comunicação social, dos provedores de conteúdo e dos sítios de busca da rede mundial de computadores, internet" acarretará em sua responsabilização, que deverá ser promovida por uma ação civil pública.

Resumidamente:

> Existem aqui dois questionamentos relevantes sobre o PL 1676/2015. O primeiro diz respeito aos critérios para o estabelecimento do direito ao esquecimento. Esse ponto fundamental para a construção do instituto parece estar no referido PL de forma tão vaga quanto no PL no 7881/2014. Adicionalmente, a obrigação de se dedicar centrais telefônicas para atender a pedidos de direito ao esquecimento de forma indiscriminada parece fadada ao descumprimento em massa (SOUZA; LEMOS, 2016, p. 131).

É irônico o fato de a justificação do PL trazer o acórdão do caso da Aída Curi para evidenciar que a questão já estava sendo discutida pelo judiciário, quando o resultado do recurso apreciado pelo Tribunal foi justamente pela não aplicação do "direito ao esquecimento" ao caso concreto. Além disso, o Ministro Relator havia afastado expressamente a hipótese de aplicação deste direito ao âmbito da internet. Isto apenas demonstra o desconhecimento, e o atual despreparo do legislativo, para tratar do assunto.

Foram apensados ao PL n° 1.676/2015 dois outros projetos: os PLs n°s 2.712/2015[180] e 8.443/2017[181], apresentados pelos deputados federais Jefferson Campos e Luiz Lauro Filho, respectivamente, ambos do PSD/SP. No primeiro PL, o deputado acrescenta ao artigo 7º do MCI o inciso XIV, visando garantir a remoção, mediante solicitação da pessoa interessada, "de referências a registros sobre sua pessoa em sítios de busca, redes sociais ou outras fontes de informação na internet, desde que não haja interesse público atual na divulgação da informação e que a informação não se refira a fatos genuinamente históricos". Este PL tem a pretensão de garantir parâmetros de julgamento para casos que envolvam o pedido de "direito ao esquecimento". Os critérios sugeridos seriam a exigência de que a informação que se deseja remover (i) não desperte interesse público atual,[182] ou (ii) não se refira a fatos genuinamente históricos, visando proteger a memória e a verdade histórica da sociedade, assim como ocorreu no contexto do julgamento do caso Aída Curi. Note-se que o PL sequer menciona a exigência de comprovação de dano causado à vítima pela disponibilização do conteúdo.

Por sua vez, o segundo PL, 8.443/2017, propõe a alteração dos artigos 7º e 19º do Marco Civil da Internet, para instituir e regulamentar o "direito ao esquecimento", compreendido como o direito que os cidadãos possuem de retirar "dados pessoais que sejam considerados indevidos ou prejudiciais à sua imagem, honra e nome", "desde que não haja interesse público atual na divulgação", pedido este que pode ser direcionado a "qualquer veículo de comunicação de massa". Caso haja a negativa do veículo de informação,

---

[180] BRASIL. Projeto de lei n° 2.712/2015. Disponível em <http://www.camara.gov.br/proposicoesWeb/fichadetramitacao?idProposicao=1672348> Acesso em 11.11.2017.

[181] BRASIL. Projeto de lei n° 8.443/2017. Disponível em <http://www.camara.gov.br/proposicoesWeb/fichadetramitacao?idProposicao=2149979> Acesso 11.11.2017.

[182] O "direito ao esquecimento" seria aplicável neste caso "a fatos que não tenham relevância social para a coletividade, seja em razão do conteúdo da informação em si (por exemplo, fatos corriqueiros envolvendo pessoas sem projeção pública), seja pela perda da importância da matéria em função do transcorrer do tempo (por exemplo, fatos de grande repercussão pública no período em que aconteceram ou foram revelados, mas cuja importância social dissipou-se ao longo do tempo)".

a vítima poderá pleitear a remoção do conteúdo perante o judiciário, salvo se o autor do pedido for pessoa pública (compreendida apenas as celebridades), quando sua pretensão deverá se dar diretamente pela via judicial, podendo requerer que o processo tramite em segredo de justiça. Há uma exceção aos detentores de mandato eletivo, agentes políticos e pessoas que respondam a processos criminais ou tenham contra elas sentença penal condenatória, que não poderão pleitear pelo esquecimento.

Ambos os projetos de lei em sua justificação fazem referência ao caso González e a pelo menos um dos precedentes julgados pelo STJ (Chacina da Candelária e Aída Curi). Contudo, há um erro conceitual sobre o que foi decidido na União Europeia. O TJUE foi taxativo ao determinar que o "direito ao esquecimento" seria apenas a possibilidade de desindexação, rejeitando expressamente a possibilidade de remoção do conteúdo diretamente da página responsável por sua publicação. Além disso, foi absolutamente negligenciado o fato de o TJUE ter fundamentado sua decisão em uma regulamentação sobre a proteção de dados pessoais, enquanto no Brasil o "direito ao esquecimento" encontraria resguardo, de acordo com as proposições ora vistas, no âmbito dos direitos da personalidade. Como estas propostas estão apensadas ao PL 1.676/2015, que já possui um parecer pela rejeição do PL na Comissão de Ciência e Tecnologia, Comunicação e Informática (CCTCI), as mesmas encontram-se na mesma fase de tramitação que aquele.

Há, ainda, os substitutivos aos projetos de lei 215,[183] 1.547 e 1.589/2015[184], que encontram-se apensados, e tratam sobre o aumento de pena aos crimes contra a honra quando este for cometido no ambiente virtual. Em especial, o PL 1.589/2015 é o único que menciona textualmente o termo "direito ao esquecimento" e prevê a alteração do artigo 19 do MCI para permitir que um "indivíduo ou seu representante legal [possa] requerer judicialmente, a qualquer momento, a indisponibilização de conteúdo que ligue seu nome ou sua imagem a crime de que tenha sido absolvido, com

---

[183] BRASIL. Projeto de lei nº 215 /2015. Disponível em <http://www.camara.gov.br/proposicoesWeb/fichadetramitacao?idProposicao=946034> Acesso 11.11.2017. O texto dos outros projetos de lei podem ser Acessos nesta mesma página.

[184] Foram apensados ao PL 215/2015 os PLs nos 4.148 e 7.537. O primeiro especifica os meios virtuais onde são praticados os crimes contra a honra, e o segundo trata do aumento de pena em relação aos crimes contra a honra quando são utilizados pelo ofensor meios que potencializam a divulgação das informações consideradas ilícitas.

trânsito em julgado, ou a fato calunioso, difamatório ou injurioso" (seria o parágrafo 3º-A, do artigo 19). Caso esta obrigação não seja cumprida, o provedor estará sujeito a pagar uma multa no valor de R$ 50.000,00, aplicada em dobro, em caso de reincidência. Além disso, é prevista a inserção do art 23-A ao MCI, para que dados pessoais possam ser disponibilizados para autoridades policiais ou o Ministério Público, sem o crivo do Poder Judiciário, "para instruir inquérito policial ou procedimento investigatório iniciados para apurar a prática de crimes contra a honra cometidos mediante conteúdo disponibilizado na internet."

O que é preocupante nestes projetos de lei é a institucionalização do "direito ao esquecimento" pela via penal, como uma agravante dos crimes contra a honra, considerando que há um movimento internacional de descriminalização de tais crimes. Além disso, ao especificar o tipo de conteúdo que pode ser objeto de um pedido por esquecimento há certa "poluição" do comando previsto pelo artigo 19 do MCI, uma vez que este já garante que qualquer informação *online* possa ser indisponibilizada mediante ordem judicial, seja ela relativa a crime ou não (SOUZA; LEMOS, 2016, p. 133). Caso aprovado este PL, "seria aberto um precedente perigoso ao inaugurar o elenco de situações típicas que começariam a ser inseridas debaixo da cláusula de responsabilidade e de remoção de conteúdo do Marco Civil da Internet" (SOUZA; LEMOS, 2016, p. 133).

Na nota técnica apresentada pelo ITS e pelo NEC PUC-Rio (Núcleo de Estudos Constitucionais) há uma manifestação pela expressa rejeição deste projeto de lei. As críticas feitas apontam que o PL (i) não guardaria qualquer relação com o que tem sido discutido sob o rótulo do "direito ao esquecimento"; e (ii) não explora as peculiaridades complexas referentes à aplicação deste direito. Foi destacado, ainda, que o valor da multa pré-fixada aplicada não incentivaria "pequenos empreendedores a lançarem suas ideias e projetos na Internet", diante do risco de terem que arcar com uma multa que poderia superar o orçamento total da empresa que acabou de se estruturar.

Além disso, sobre a disponibilização dos dados pessoais prevista pelo PL, a nota técnica observou que o MCI (i) já prevê mecanismos que atribuem ao Poder Judiciário a competência para autorizar o acesso a dados pessoais; (ii) estabelece que em outras situações as autoridades competentes podem requerer diretamente às plataformas dados cadastrais (artigo 10, § 3º), sem necessitar de autorização do judiciário; e (iii) se necessário, estabelece que os dados pessoais possam ser preservados para fins investigatórios por prazos mais longos do que o previsto em lei, caso as autoridades assim solicitem. Segundo os pesquisadores, estes mecanismos garantem maior proteção aos dados pessoais dos usuários da rede, evitando o aumento do "volume de dados pessoais circulados para além dos limites previamente contratados entre o seu titular e o provedor de acesso e de aplicações na rede" (SOUZA; RIBEIRO, 2015).

Enquanto aqueles projetos de lei ainda estão em discussão pelo legislativo, recentemente, o Congresso Nacional aprovou, de última hora, a emenda nº 06 ao projeto de lei sobre a Reforma Política (PL nº 8.612/2017), permitindo que a coligação de partido ou candidatos possam requerer diretamente ao provedor a remoção de conteúdo que tratar de "denúncia de discurso de ódio, disseminação de informações falsas ou ofensas em desfavor de partido, coligação, candidato". Este fato foi duramente criticado, principalmente por contrariar expressamente o artigo 19 do MCI, além de permitir verdadeira censura a ofensas proferidas contra políticos, que naturalmente estão mais sujeitos a críticas, diante do inerente interesse público atribuído ao exercício de sua atividade política. Felizmente, após intensa manifestação da sociedade civil contrária à emenda, no dia seguinte, o presidente Michel Temer vetou seu conteúdo.

Todos os projetos de lei ora expostos são controversos; seja porque regulam de forma simplista o "direito ao esquecimento", distorcendo o que foi decidido pelo caso González – embora o citem para justificar sua proposição –; seja porque alteram o regime de responsabilidade civil dos provedores de aplicação previstos pelo MCI ao não observarem o princípio da liberdade de expressão e de acesso à informação consagrado pelo mesmo. No geral, há uma ausência nos PLs de critérios adequados para orientar a decisão do magistrado (estabelecimento de critérios temporais, exceções para pessoas públicas, demonstração de dano efetivo a partir da publicidade da informação, etc). Ainda, as propostas que retiram a competência do poder judiciário para decidir a controvérsia são especialmente perigosas, por tudo que já foi exposto no segundo capítulo. De forma organizada, há algumas características que as unem:

> A primeira é a falta de preocupação em equilibrar valores como privacidade e liberdade de expressão. A segunda, é a insuficiência em identificar critérios para o direito ao esquecimento ser efetivados pelos provedores de

aplicações da internet. Finalmente, o visível desejo de tornar o instituto do direito ao esquecimento uma defesa imediata de interesses políticos, uma vez que são justamente os políticos as figuras mais interessadas em remover dos meios de comunicação informações que sejam, no seu entender, irrelevantes ou defasadas – isso para ficarmos apenas da redação do malfadado PL do ex-deputado Eduardo Cunha (BRANCO, 2017, p. 188)

Esta última afirmação de Sérgio Branco reflete os resultados do relatório de Transparência Global do Google de 2012, quando o Brasil liderou o *ranking* de países que mais apresentaram pedidos governamentais para a retirada de conteúdo *online* pela via judicial.[185] No período de julho a dezembro daquele ano, a empresa havia recebido 1.461 solicitações, que envolviam a retirada de vídeos do Youtube, e até mesmo requerimentos de desindexação, sendo que 43% dos pedidos envolviam autoridades brasileiras. Atualmente, de acordo com o relatório do Google de 2017, consta que de janeiro a junho deste ano houve 338 pedidos governamentais para a retirada de informações *online*, sendo que 56% foram classificadas pelo Google como relacionadas à privacidade e à segurança, e 30% trataram de conteúdo difamatório. Curiosamente, no ano das eleições presidenciais, de junho a dezembro de 2014, houve 527 pedidos para remoção de conteúdo, sendo que 50% foram classificadas como informações difamatórias, 18% como informações privadas e de segurança, e apenas 16% se basearam na legislação eleitoral.[186]

Por todos os motivos acima expostos, a ONG Artigo 19, ao analisar os referidos projetos de lei, se posicionou contrariamente à aprovação dos mesmos, defendendo que mecanismos e institutos que já existam na legislação brasileira sejam utilizados para resolver conflitos que eventualmente surjam sob o estigma do "direito ao esquecimento" (ARTIGO 19, 2017, p. 47).

---

[185] Ver em: Disponível em <https://knightcenter.utexas.edu/pt-br/blog/00-13681-brasil-e-o--campeao-de-pedidos-para-censurar-conteudo-online-em-mais-um-relatorio-de-tr> Acesso em 20.01.2018.

[186] Relatório de Transparência do Google: pedidos governamentais para retirada de conteúdo. Disponível em <https://transparencyreport.google.com/government-removals/by-country/BR?country_item_amount=group_by:reasons;authority:BR&lu=country_breakdown&country_breakdown=period:Y2014H2;country:BR> Acesso em 20.01.2018.

4.4. Reflexões sobre o "Direito ao Esquecimento" no Brasil

Grande parte da doutrina civilista parece apontar para a existência de um "direito ao esquecimento" enquanto possibilidade de controlar informações pessoais disponibilizadas na internet, sendo uma decorrência do desenvolvimento do conceito do direito à privacidade. Até mesmo no julgamento do STJ nos casos da Chacina da Candelária e Aída Curi, há a transcrição de trechos do autor François Ost afirmando que o "direito ao esquecimento" teria especial aplicação em casos que envolvessem o respeito à vida privada (STJ, 2013a, p. 38), além da exposição dos casos Melvin vs. Reid e Lebach I, em que o acórdão afirma que aquele direito teria decorrido do direito à privacidade.

À luz do que foi compreendido como o "direito ao esquecimento" na internet no caso González, ou seja, a obrigação de desindexação dos provedores de pesquisa, o STJ, reconheceu que estas empresas não teriam o dever de realizar esta desindexação, independentemente de a vítima ter indicado os URLs que contenham a informação causadora do dano. Este posicionamento tem se consolidado desde 2012, a partir do caso da apresentadora de TV, Xuxa Meneguel, sem que a obrigação de desindexar ganhasse o nome de "direito ao esquecimento". E, mesmo quando um pedido para que fosse realizada a desindexação foi denominado enquanto tal (S.M.S vs. Google), o STJ manteve seu entendimento anterior, afirmado que:

> Não há fundamento normativo no ordenamento jurídico pátrio capaz de imputar à recorrente a obrigação de implementar o direito ao esquecimento da recorrida. Essa obrigação deve recair diretamente sobre aquele que mantém a informação no ambiente digital (STJ, 2016b, p. 14).

Por sua vez, as demandas que têm alcançado os Tribunais de Justiça Estaduais têm fundamentado seus pedidos majoritariamente em um "direito ao esquecimento", justificado ora como um direito autônomo, ora como qualquer um dos direitos da personalidade (em sua maioria como decorrente do direito à honra e à imagem). Pode ser requerida a desindexação, a remoção de conteúdo (quando direcionada para o responsável pela publicação da informação), a retratação, retificação e tantos outros pleitos justificados com aquele direito. O índice de manutenção de pedidos por esquecimento pelos Tribunais pode ser considerado baixo (35,5%). Por sua vez, os magistrados julgam improcedente 56,82% das demandas que requerem a desindexação, o pedido que mais aparece na pesquisa realizada, sendo que tal percentagem diminui em pedidos que envolvam remoção, em que apenas 45,45% são julgados improcedentes.

Os projetos de lei que tratam sobre o "direito ao esquecimento" também regulam sua aplicação no ambiente cibernético. Os direitos da personalidade são invocados como o fundamento para a garantia de um "direito ao esquecimento" (em especial, o direito ao nome, à imagem e à honra), sendo que aqueles podem ser protegidos mediante um pedido de remoção ou desindexação. Ainda, poucos projetos preveem exceções para a aplicação daquele direito a informações de caráter público; todos estabelecem critérios subjetivos para a aplicação daquele direito; nenhum deles faz menção a um necessário sopesamento do interesse subjetivo individual da retirada da informação com a liberdade de expressão, e apenas um deles (PL 215/2015) exige a demonstração de danos substanciais à pessoa em razão da disponibilização de certa informação (ARTIGO 19, 2017, p. 39).

Neste cenário, muito se tem discutido, mas nada tem sido estabelecido, sobre o que exatamente é o "direito ao esquecimento" aplicado à internet. Como já visto, parece ser mais uma pretensão para garantir e tornar efetiva a proteção ao direito à privacidade, enquanto um direito à autodeterminação informativa. Alguns autores, inclusive, têm pensado sobre os parâmetros a serem aplicados em casos que envolvam um pedido por esquecimento (BRANCO, 2017; VIDIGAL, 2017), e, em alguns casos, é atribuída certa autonomia a este direito. Contudo, considerando que nestas demandas haverá sempre a necessidade de se realizar uma ponderação entre os clássicos direitos fundamentais da personalidade, em especial, a privacidade, e a liberdade de expressão e de informação, e, considerando a tradição jurídica brasileira no enfrentamento deste conflito (LEITE, 2017, p. 220), talvez a solução mais adequada seja compreender o "direito ao esquecimento" enquanto uma faceta da privacidade, e não como um direito que goze de certa autonomia.

Isto significa dizer que os critérios de julgamento utilizados na ponderação de conflitos que envolvem o direito à privacidade devem ser aplicados, devendo ser levados em consideração os aspectos inerentes à ideia de esquecimento (como a veracidade da informação, o transcurso do tempo da mesma e o dano causado à pessoa pela contínua disposição da informação na internet). Isto garantirá que estes casos sejam analisados de forma análoga, garantindo maior "igualdade, consistência, segurança ou estabilidade jurídica e a previsibilidade", valores estes, entre outros, que "são partes constitutivas do próprio conceito de justiça e são necessários para a existência de um sistema jurídico eficaz" (STRUCHINER, 2001, p. 31).

Enquanto na União Europeia o "direito ao esquecimento" encontra-se fundamentado na legislação protetiva de dados pessoais, no Brasil, apenas recentemente foi promulgada uma lei geral sobre o tema, que prevê em seu artigo 18, inciso VI,[187] um previsão semelhante àquela da norma europeia. Contudo, diante do longo vácuo legislativo sobre o tema da proteção de dados pessoais, o STJ, no caso S.M.S vs. Google, optou pela não recepção do "direito ao esquecimento" no ordenamento jurídico interno, conforme compreendido no caso González. Sob pena de ocorrer uma má importação de um precedente estrangeiro, sem que seja considerado o denso debate que antecedeu o mesmo, a longa tradição de proteção de dados pessoais existente na Europa, e as exceções e ponderações alcançadas pelo TJUE, pode-se admitir que já há institutos jurídicos disponíveis no ordenamento interno para resolver pedidos por esquecimento, no contexto da internet, que visem garantir a tutela da privacidade dos cidadãos. Neste mesmo sentido parece caminhar Sérgio Branco, quando afirma que

> Afinal, se até mesmo dados que pouco ou nada revelam sobre o seu titular são objeto de proteção pelo direito de privacidade, com igual razão devem ser tutelados, sob o mesmo direito, dados pretéritos que podem vir a causar danos ao titular caso sejam revelados tempos depois (BRANCO, 2017, p. 171).

O que será necessário, a longo prazo, conforme os casos forem alcançando o STJ e o STF, será estabelecer, de fato, quais são os mecanismos, ou as obrigações que estão abarcadas nesta nova faceta da privacidade, e a melhor forma de balancear direitos fundamentais no atual contexto da sociedade da informação. Parece que os projetos de lei em tramitação desvirtuam a discussão sobre o "direito ao esquecimento", e fomentam mais controvérsias do que oferecem soluções. Tampouco os Tribunais de Justiça Estaduais apresentam o assunto com assertividade. Por sua vez, o

---

[187] "Art. 18. O titular dos dados pessoais tem direito a obter do controlador, em relação aos dados do titular por ele tratados, a qualquer momento e mediante requisição: (...) inciso VI - eliminação dos dados pessoais tratados com o consentimento do titular, exceto nas hipóteses previstas no art. 16 desta Lei"

STJ possui duas concepções sobre o "direito ao esquecimento": enquanto desindexação o mesmo não existe, mas é recepcionado como um aspecto da dignidade humana, no contexto das condenações criminais.

Portanto, percebe-se que ainda há muitas dúvidas sobre os parâmetros de julgamento, e de como casos futuros sobre o "direito ao esquecimento" irão ser apreciados pelas instâncias superiores. Ficam mais perguntas do que respostas, como, por exemplo, quanto tempo será necessário transcorrer entre a publicização da informação e o pedido por esquecimento para que esteja configurada a ilicitude da informação? Seria possível afirmar que o episódio do Linha Direta sobre a Chacina da Candelária não poderia estar disponível na internet? Poderia haver um pedido de desindexação para efetivar a tutela daquele julgado, caso os vídeos fossem disponibilizados na rede e compartilhados em diversos *sites*? Como que o STJ julgaria uma pretensão de "direito ao esquecimento" que envolvesse um pedido de remoção de conteúdo da internet? São perguntas que ainda carecem de respostas, não sendo possível, a *priori*, e com segurança, fornecer soluções.

Contudo, adotar um posicionamento quanto à necessidade de se estabelecer parâmetros para auxiliar o julgador na ponderação de conflitos de direitos fundamentais também não é tarefa simples. Em especial, no que diz respeito ao conflito entre os direitos fundamentais à liberdade de expressão e aos direitos personalidade, não se pode afirmar que os parâmetros elaborados pela doutrina, e utilizados pelos magistrados no método da ponderação, têm garantido qualquer previsibilidade e segurança jurídica para o sistema jurídico – valores estes que são compromissos assumidos pelo Estado de Direito –. Como aponta Fábio Leite:

> A doutrina, por mais sofisticada que seja na análise de aspectos que considera relevantes para se alcançar um resultado que entende como mais adequado (MORAES, 2013b) – resultado que não está imune a controvérsias –, fica limitada ao caso avaliado, num exercício de particularismo jurídico que pouco contribui para garantir algum grau de previsibilidade ao Direito (LEITE, 2017, p. 211).

A ausência de entendimentos mais concretos, determinados e precisos sobre o "direito ao esquecimento" ficou evidente na pesquisa feita nos Tribunais de Justiça Estaduais, uma vez que tal termo está sendo utilizado – e reconhecido pelos magistrados – para acolher diferentes pretensões.

Além disso, a pesquisa revela que, ao menos em primeira instância, há certa indefinição dos magistrados em relação à procedência ou não do "direito ao esquecimento", o que parece significar uma ausência de estabelecimento de critérios claros de como estes pedidos devem ser decididos.

Ainda, a utilização da terminologia "direito ao esquecimento" cria uma expectativa que não pode ser atendida. Primeiro porque não é possível saber exatamente qual é a obrigação que decorre da sua violação, segundo porque é impossível garantir o adimplemento de que as pessoas *de fato* esqueçam determinados acontecimentos, principalmente diante do amplo uso das tecnologias de informação atualmente existentes.[188] No caso da desindexação de *links* esta problemática fica ainda mais evidente, considerando que a informação que foi removida das chaves de busca dos provedores pode ser acessada (i) se uma pesquisa for feita em um buscador diferente, (ii) diretamente no *site* que foi publicada, e (iii) se uma combinação diferente de palavras-chave for feita no momento da busca

Neste contexto, é evidente a necessidade de ser construído um entendimento mais concreto e específico sobre o que poderiam ser os parâmetros para julgar os casos que envolvam o desejo do indivíduo de que determinados fatos não sejam novamente expostos, ou continuem disponíveis na internet. Esta construção evitaria o pensamento tópico, onde os parâmetros são utilizados apenas para resolver o caso concreto, sem um compromisso prévio por parte da doutrina e da jurisprudência, em estabelecer posicionamentos mais precisos sobre como os demais casos devam ser julgados.

Considerando a inevitável controvérsia que o termo "direito ao esquecimento" traz, e diante da ausência da construção de um entendimento do que é este direito, sendo certo que há uma divergência entre a doutrina, jurisprudência e as propostas legislativas sobre o tema, pode-se afirmar que a imprecisão conceitual tem contribuído para causar mais incertezas e controvérsias sobre um assunto de tamanha complexidade.

---

[188] Por exemplo, qualquer tipo de cópia feita por celulares e por computadores, seja de músicas, vídeos, imagens e textos é realizada sem o conhecimento da pessoa responsável pela autoria do conteúdo, que poderá ser reproduzido ilimitadamente, sendo difícil a tentativa de qualquer tipo de controle – preventivo ou repressivo – desta reprodução,

5. Considerações finais

Discutir o "direito ao esquecimento" não é tarefa fácil. Como destacado por Julie Powles, "se você acredita que já descobriu tudo sobre o 'direito ao esquecimento', então provavelmente você não dedicou tempo suficiente para este assunto".[189] A primeira dificuldade que surge diz respeito à sua terminologia, que se aproxima muito mais de um desejo etéreo do indivíduo, do que de fato um direito que pode ser tutelado. Não se trata de um direito ao esquecimento, e sim de demandas por esquecimento, com múltiplos fundamentos, que serão acolhidas ou não pelo Judiciário (MONCAU, 2017). Embora se reconheça que há um aspecto comum entre estas demandas, que seria a pretensão de restringir no presente a divulgação de determinado fato antigo que cause um embaraço à pessoa, o termo também tem justificado uma série de deveres fundados sob este mesmo rótulo, que não estão estritamente relacionadas a este aspecto.

Outra controvérsia é justamente a possibilidade de que este direito possa ser fundamentado ora como um direito autônomo, ora como um dos direitos da personalidade, na legislação de proteção de dados pessoais em países que possuem esta tradição, ou até mesmo na legislação consumerista, no Marco Civil da Internet e no direito penal. Consequentemente, as diversas legislações que têm sido utilizadas para justificar o "direito ao esquecimento" contribuem para esta indeterminação, dando margem aos mais variados pedidos que podem ser feitos sob aquele rótulo. Esta característica guarda-chuva do "direito ao esquecimento" leva à inexorável

---

[189] Fala proferida na palestra sobre o "Direito ao esquecimento: controvérsias técnicas e jurídicas", ocorrida no VII Seminário sobre proteção à privacidade e aos dados pessoais, organizada pelo Comitê Gestor da Internet no Brasil (CGI), nos dias 24 e 25 de agosto de 2016, em São Paulo. Disponível em https://www.youtube.com/watch?v=w-9UzFcnm6s&app=desktop. Acesso em 22.10.2016.

pergunta sobre o que de fato é este direito, diante das diversas obrigações que a ele têm sido atribuídas, e às diversas situações em que ele tem sido aplicado.

Como visto, a doutrina brasileira tem defendido que o "direito ao esquecimento" decorre de uma nova dimensão que o direito à privacidade assume nos tempos da sociedade da informação. Um dos aspectos da privacidade seria sua compreensão como a possibilidade que os indivíduos têm de controlar a circulação de seus dados pessoais. Este entendimento do "direito ao esquecimento" está em linha com o que a nova regulamentação de proteção de dados da União Europeia se propõe, não se ignorando todas as críticas que têm sido feitas ao dispositivo, bem como com o que foi decidido pelo TJUE.

Contudo, é de se observar que na pesquisa realizada nos Tribunais de Justiça Estaduais, a maior parte das ações que trataram sobre o "direito ao esquecimento" no contexto da internet tem se valido deste termo para pleitear a restrição de informações que foram legalmente publicadas sobre si, assim como ocorreu no caso González. A ampla definição sobre dados pessoais da União Europeia permitiu que notícias publicadas pela imprensa se enquadrassem naquele conceito. Com a recente aprovação da Lei Geral de Proteção de Dados Pessoais brasileira, o que deve ser debatido é se no Brasil teria cabimento considerar que notícias publicadas sobre determinada pessoa seriam consideradas dados pessoais, e por isso poderiam ser restritas ao acesso do público, em atenção a este novo aspecto do direito à privacidade.

No entanto, as demandas que em nada se relacionam com esta perspectiva da privacidade, como são, por exemplo, os casos das ações consumeristas que pleiteiam a retirada do nome do consumidor dos cadastros restritivos de créditos ou as que requerem a anulação de ato administrativo que impediu indivíduo de participar de certame público em razão de sentença penal pré-existente, merecem classificações distintas, pois não compartilham das mesmas características que os típicos casos de "direito ao esquecimento". Nestas situações, "não se quer que o dado seja apagado, removido ou não divulgado publicamente; o que se quer é que o dado não seja usado para uma finalidade específica que pode causar prejuízo ao seu titular" (BRANCO, 2017, p. 179).

Como já extensamente argumentado ao longo deste trabalho, o direito à privacidade parece ser o direito adequado para proteger os tipos de situações onde o "direito ao esquecimento" visa ser tutelado. A privacidade pode ser compreendida, como colocada por Rodotà, à luz dos eixos "pessoa-informação-segredo" e "pessoa-informação-circulação-controle" (RODOTÀ, 2007, p. 62), onde o primeiro eixo busca garantir espaços de preservação da curiosidade alheia, enquanto o segundo visa garantir aos indivíduos o controle sob a circulação de informações pessoais. Neste contexto, a legislação de proteção de dados pessoais tem sido a norma adequada para promover a tutela daquele direito, e a recém promulgada legislação brasileira sobre o assunto promete assegurar a proteção de indivíduos em relação à coleta de suas informações pessoais.

A popularização da terminologia "direito ao esquecimento" acabou por enviesar o debate sobre a importância de se discutir não apenas a questão dos dados pessoais, mas também as consequências que a internet traz para os direitos fundamentais. O mundo em rede exige uma nova perspectiva sobre como conflitos antigos devam ser apreciados, o que não significa dizer que, para tanto, seja necessário estabelecer novos direitos, mas interpretar e sopesar de maneira contextualizada direitos e institutos já existentes na legislação, a exemplo do que foi feito pela Suprema Corte Argentina e a Corte Constitucional Colombiana. É neste sentido que o presente trabalho defende que o termo "direito ao esquecimento" seja abandonado, considerando que já há instrumentos jurídicos suficientes no ordenamento que dão conta da resolução das controvérsias que têm se valido de sua terminologia. As características das demandas sobre este assunto, como o transcurso do tempo desde a ocorrência do evento, a veracidade das informações publicadas, e o dano causado pela disponibilização do conteúdo, devem ser incorporadas como critérios de julgamento no momento da resolução do conflito.

Neste sentido, deve ser reconhecido que os parâmetros oferecidos pela doutrina e utilizados pelos magistrados na resolução de conflitos, em especial, entre a liberdade de expressão e de informação e os direitos da personalidade (princípios tipicamente envolvidos em casos de "direito ao esquecimento"), não têm assegurado previsibilidade e segurança jurídica, tampouco têm garantido um "compromisso em manter uma coerência nos julgamentos em casos semelhantes" (LEITE, 2017). O "direito ao esquecimento", até o momento, não oferece um entendimento minimamente consensual sobre quais deveres estariam abarcados por ele. Por isso, a utilização do seu termo acaba gerando ainda mais indefinições sobre o que de fato estaria abarcado pelo mesmo, e como que casos que tratem sobre este assunto devem ser analisados. Por isso, a utilização do direito à privacidade para fundamentar as demandas que desejam o esquecimento parece ser mais adequado.

Logo, as tentativas de regulamentar o "direito ao esquecimento" parecem ser inócuas, assim como a utilização do seu termo. Os direitos fundamentais existentes no ordenamento jurídico, principalmente o direito à privacidade, dão conta de assegurar aquilo que o "direito ao esquecimento" busca proteger: o desejo individual de proteger sua privacidade e, de certa forma, manter em anonimato certos aspectos do seu passado, assim como do seu presente. O que será necessário discutir são quais as obrigações que decorrerão da violação da privacidade no âmbito da internet.

Considerando a atual posição do STJ sobre os provedores de busca, pode-se afirmar que a compreensão do "direito ao esquecimento" como fundamento de uma obrigação de desindexação não encontraria guarida. Entretanto, este entendimento encontra-se ameaçado caso sejam aprovados os projetos de lei que estão em tramitação no Congresso Nacional que preveem tal dever. Outro ponto importante, e que deverá ser discutido, é se o "direito ao esquecimento" abarcaria um dever de remoção a ser observado pelos responsáveis pela publicação, como muitos projetos de lei atualmente preveem, e qual deveria ser o procedimento que deveria ser adotado nestes casos (bastaria uma notificação extrajudicial para que se constituísse o dever de remover, dependeria de uma ordem judicial assim determinando, como é o caso da desindexação, ou os responsáveis pela publicação terão o dever atualizar notícias?).

Ainda, tendo em vista que está pendente de julgamento no STF o recurso extraordinário do caso Aída Curi, a problemática do "direito ao esquecimento" na internet também poderá ser abarcado por esta Corte, que poderá modificar ou não a jurisprudência do STJ sobre o assunto. Por isso, as críticas feitas ao caso González são importantes, para que se tenha em perspectiva as questões que podem surgir, caso haja divergência do STF em relação à posição atualmente assumida pelo STJ. Neste contexto, diante das particularidades da América Latina, é importante atentar às recomendações do relatório sobre liberdade de expressão da Organização Interamericana de Direitos Humanos do ano de 2016, que advertem que eventuais pedidos de remoção e desindexação sejam apreciados pelo judiciário, devendo ser observado o devido processo legal, com o exercício do contraditório e ampla defesa.

Por fim, este trabalho buscou expor a complexidade do tema do "direito ao esquecimento", principalmente a partir da sua aplicação ao ambiente da internet. A repercussão do caso González difundiu a ideia de esquecimento, levantando questionamentos relacionados à publicação de informações *online* e a responsabilidade civil dos provedores de busca da internet. A posição assumida pelo Tribunal e a compreensão do mesmo sobre o "direito ao esquecimento", contudo, não vinculam outras jurisdições, como bem destacou a Corte Constitucional Colombiana. O que a discussão acerca do "direito ao esquecimento" coloca em evidência são as profundas transformações geradas pelo fluxo de informações com a universalização do acesso à internet, que traz à tona novos desafios para direitos fundamentais. E, neste cenário de indefinições, será exigido um esforço, tanto por parte da doutrina, quanto dos magistrados, em formular entendimentos que garantam certa previsibilidade dos julgamentos, de forma a sopesar de maneira balanceada os valores envolvidos neste conflito.

REFERÊNCIAS

ACUNHA, Fernando José Gonçalves. **Democracia e transconstitucionalismo:** "direito ao esquecimento", extraterritorialidade e conflito entre ordens jurídicas. *São Paulo: Revista Direito GV., v. 12, n. 03*, pgs. 748-775, set-dez 2016. Disponível em <http://bibliotecadigital.fgv.br/ojs/index.php/revdireitogv/article/view/66589> Acesso em 18.06.2017.

AMBROSE, Meg Leta. **Speaking of forgetting:** Analysis of possible non-EU responses to the right to be forgotten and speech exception. [S.I.]: Telecommunications Policy, v. 38, set. de 2014. Pgs. 800–811. Disponível em <http://dx.doi.org/10.1016/j.telpol.2014.05.002> Acesso em 07.05.2017.

_____; AUSLOOS, Jef. **The Right to Be Forgotten Across the Pond.** [S.I.]: TRPC, Journal of Information Policy, v. 3, 2013. Pgs. 1-23. Disponível em <https://ssrn.com/abstract=2032325> Acesso em 25.03.2017.

AMENDOLA, Guilherme. **TJs acatam 1/3 dos recursos por direito ao esquecimento.** São Paulo: O Estado de São Paulo, 24 de jul. de 2016. Disponível em http://politica.estadao.com.br/noticias/geral,tjs-acatam-13--dos-recursos-por-direito-ao-esquecimento,10000064593> Acesso em 20.01.2018.

ARTICLE 29 DATA PROTECTION WORKING PARTY. **Guidelines on the implementation of the Court of Justice of the European Union judgment on "Google Spain and Inc v. Agencia Española de Protección de Datos (AEPD) and Mario Costeja González" C-131/12.** Bélgica, Bruxelas [s.n.], 26 de nov. de 2014. Disponível em <http://www.dataprotection.ro/servlet/ViewDocument?id=1080>. Acesso em 18.06.2017.

ARTIGO 19. **"Direito ao Esquecimento" no Brasil**: subsídios ao debate legislativo. São Paulo: [s.n.], 2017. Disponível em <http://artigo19.org/?p=11822> Acesso em 03.08.2017.

BALLS, James. **Articles Have Been Hidden by Google.** The Guardian, Londres, 02 de jul. de 2014. Disponível em <https://www.theguardian.com/commentisfree/2014/jul/02/eu-right-to--be-forgotten-guardian-google> Acesso em 13.06.2017.

BANERJI, Subhajit; DUTT, Savni; HALLWASS, Ella; LIMPIVES, Yindee; MORACHIMO, Miguel; TASKOVA, Mirena, GIMELSTEIN, Shelli; SEPPINNI, Shane; **The "Right to Be Forgotten" and Blocking Orders under the American Convention: Emerging Issues in Intermediary Liability and Human Rights.** Org. KELLER, Daphne Keller e MONCAU, Luiz Fernando Marrey. San Francisco: Intermediary Liability & Human Rights Policy Practicum, 2017. Disponível em <https://law.stanford.edu/publications/the-right-to-be-forgotten-and-blocking-orders-under-the-american-convention-emerging-issues-in-intermediary-liability-and-human-rights/> Acesso em 07.11.2017.

BAUMAN, Zygmunt. **Vigilância Líquida**. Rio de Janeiro: Zahar, 2014.

BERNAL, Paul A., **A Right to Delete?** [S.I.]: European Journal of Law and Technology, v. 2, n. 2, 2011. Disponível em <http://ejlt.org/article/view/75/144#_edn5> Acesso em 25.03.2017.

BERTONI, Eduardo. **The Right to Be Forgotten: An Insult to Latin American History**. Huffpost, 24 de nov. de 2014. Disponível em <http://www.huffingtonpost.com/eduardo-bertoni/the-right-to-be-forgotten_b_5870664.html> Acesso em 30.07.2017.

BORGIOLI, Martín. **Google es sancionado por primera vez en Perú por desconocer el Derecho al Olvido**. Hiperderecho, [S.I.], 21 de jun. de 2016. Disponível em <http://hiperderecho.org/2016/06/google-sancionado-datos-personales-peru-derecho-olvido/> Acesso em 03.08.2016.

BRANCO, Sérgio. **Memória e esquecimento na internet**. Porto Alegre: Arquipélago Editorial, 2017.

BUCAR, Daniel. **Controle temporal de dados**: o direito ao esquecimento. Civilistica.com. Rio de Janeiro, a. 2, n. 3, jul.-set./2013. Disponível em: <http://civilistica.com/controle-temporal-de-dados-o-direito-ao-esquecimento/>. Acesso em 27.10.2017.

BUSINESS INSIDER. **Here's how people are consuming their news today**. 10 de out. de 2016. Disponível em <http://www.businessinsider.com/heres-how-people-are-consuming-their-news-today-2016-10>. Acesso em 20.01.2018.

CÂMARA DOS LORDES, COMITÊ DA UNIÃO EUROPEIA. **EU Data Protection law: a "right to be forgotten?"**. Londres: Autoridade da Câmara dos Lordes, 2ª Sessão 2014/2015. Disponível em <https://www.publications.parliament.uk/pa/ld201415/ldselect/ldeucom/40/40.pdf> Acesso em 01.05.2017.

CARTER, Edward L. **Argentina's Right to be Forgotten**. Atlanta: Emory International Law Review, v. 27, 2013. Pgs. 23-39. Disponível em <http://law.emory.edu/eilr/_documents/volumes/27/1/recent-developments/carter.pdf> Acesso em 03.08.2017.

COLOMBO, Sylvia. **Presidente da Colômbia dá anistia a 3.200 ex-guerrilheiros das Farc**. Folha de São Paulo: São Paulo, 10 de jul. de 2017. Disponível em <http://www1.folha.uol.com.br/mundo/2017/07/1900092-presidente-da-colombia-da-anistia-a-mais-de-3200-guerrilheiros-das-farc.shtml> Acesso em 12.08.2017.

COMISSÃO EUROPEIA. **Factsheet on the "right to be forgotten" ruling (C-131/12)**. Disponível em <http://ec.europa.eu/justice/data-protection/files/factsheets/factsheet_data_protection_en.pdf> Acesso em 15.04.2017.

COMISSÃO EUROPEIA. **Memorando Explanatório para a Proposição de Regulação do Parlamento e Conselho Europeu sobre proteção de indivíduos no que diz respeito ao processamento de dados pessoais o livre fluxo de tais dados**. Disponível em <http://ec.europa.eu/justice/data-protection/document/review2012/com_2012_11_en.pdf. Acesso em 22.04.2017.

COMISSÃO NACIONAL DE INFORMÁTICA E DAS LIBERDADES (CNIL). **Right to be delisted: the CNIL Restricted Committee imposes a €100,000 fine on Google**. França, 24 mar. 2016. Disponível em: <https://www.cnil.fr/en/right-be-delisted-cnil-restricted-committee-imposes-eu100000-fine-google>. Acesso em: 03.07.2016.

CONSELHO DA EUROPA. **Manual da Legislação Europeia sobre Proteção de Dados**. Bélgica, 2014. Disponível em <https://rm.coe.int/16806ae65f>. Acesso em 25.03.2017.

CORDEIRO, Carlos José; PAULA NETO, Joaquim José. **A concretização de um novo direito da personalidade:** o direito ao esquecimento. Civilistica.com. Rio de Janeiro, a. 4, n. 2, 2015. Disponível em:<http://civilistica.com/a-concretizacao-de-um-novo-direito-da-personalidade/>. Acesso em 23.10.2017.

COSTA, Nery André Brandão. **Direito ao Esquecimento na Internet**: a *scarlet letter digital*. In: SCHREIBER, Anderson (Coord). Direito e Mídia. São Paulo: Atlas, 2013. Pgs. 184-206.

CUNHA E MELO, Mariana. **O Significado do Direito ao Esquecimento**. Revista Jota, nov. de 2016. Disponível em <https://jota.info/artigos/o-significado-direito-ao-esquecimento-22112016> Acesso em 03.06.2017.

CUNHA, Mario Viola de Azevedo; ITAGIBA, Gabriel. **Between privacy, freedom of information and freedom of expression:** Is there a right to be forgotten in Brazil? [S.I]: Computer Law & Security Review: The International Journal of Technology Law and Practice, 2016.

DONEDA, Danilo. **Da privacidade à proteção de Dados Pessoais**. Rio de Janeiro: Renovar, 2006.

FELLNER, Robert. **The Right to be Forgotten in the European Human Rights Regime**. Alemanha, Norderstedt: GRIN Verlag GmbH, 2014.

FLEISCHER, Peter, **The Right to Be Forgotten, or How to Edit Your History, Privacy...?** Estados Unidos, jan. de 2013. Disponível em <http://peterfleischer.blogspot.com/2012/01/right-to-be-forgotten-or-how-to-edit.html.> Acesso em 21.04.2017.

FRAJHOF, Isabella Z.. **O "Direito ao Esquecimento" e suas Controvérsias**. In: ABREU, Célia Barbosa; MENDONÇA, Alex Assis de; RANGEL, Tauã Lima Verdan (Orgs.). Debates sobre Direitos Humanos Fundamentais. Vol. III. Rio de Janeiro: Editora Gramma, 2017, pgs. 95-117.

FRANÇA. *Rapport Cour de Cassation 2013*. Disponível em <https://www.courdecassation.fr/IMG/pdf/cour_de_cassation_rapport_2013.pdf.> Acesso em 13.01.2018.

GALLI, Marcelo. **Direito ao esquecimento é atalho para censura judicial, concluem especialistas**. Consultor Jurídico, 12 de jun. de 2017. Disponível em <http://www.conjur.com.br/2017-jun-12/direito-esquecimento-atalho-censura-concluem-especialistas> Acesso em 13.06.2017.

GRANICK, Jeniffer. **Convicted Murderer To Wikipedia: Shhh!**. Eletronic Frontier Foundation, 10 de nov. 2009. Disponível em <https://www.eff.org/deeplinks/2009/11/murderer-wikipedia-shhh> Acesso em 03.06.2017.

GRAUX, Hans; AUSLOOS, Jef; VALCKE, Peggy. **The Right to be Forgotten in The Internet Era**. [S.I]: ICRI Research Paper n. 11, 12 de nov. De 2012. Disponível em < https://ssrn.com/abstract=2174896> Acesso em 02.04.2017.

HELAYEL, Livia. **Direito ao esquecimento na internet:** entre a censura digital e a busca pela verdade na sociedade conectada. Rio de Janeiro [s.n.], 2017. Disponível em <https://itsrio.org/wp-content/uploads/2017/03/LIVIA-HELAYEL.doc-B.pdf> Acesso em 14.04.2017.

HOBOKEN, van Joris, **The Proposed Right to be Forgotten Seen from the Perspective of Our Right to Remember, prepared for the European Commission**. Amsterdam: Documento elaborado para a Comissão Europeia, mai. de 2013. Disponível em <http://www.law.nyu.edu/sites/default/files/upload_documents/VanHoboken_RightTo%20Be%20Forgotten_Manuscript_2013.pdf> Acesso em 25.03.2016.

INSTITUTO DE TECNOLOGIA E SOCIEDADE DO RIO DE JANEIRO (ITS). **Manifestação como *amicus curiae* no Recurso Extraordinário n. 1.010.606**. Rio de Janeiro, 2016a. Disponível em <http://s.conjur.com.br/dl/amicus-curiae-instituto-tecnologia.pdf> Acesso em 25.05.2017.

_____. **Dez dilemas sobre o chamado Direito ao Esquecimento**. Rio de Janeiro, 2017b. Disponível em <https://itsrio.org/wp-content/uploads/2017/06/ITS-Rio-Audiencia-Publica-STF-Direito-ao-Esquecimento-Versao-Publica-1.pdf> Acesso em 26.06.2017

_____. *Amicus Curiae* sobre o Direito ao Esquecimento protocolada perante a CNIL na França. Rio de Janeiro, 2017c. Disponível em: https://itsrio.org/wp-content/uploads/2017/05/Google-France-Intervention-English.pdf. Acesso em 03.06.2017.

INTERNETLAB. **Direito ao Esquecimento: Entre Liberdade de Expressão e Direitos da Personalidade.** Entrevista com Julia Powles. InternetLab, São Paulo, 2017. Disponível em <http://www.internetlab.org.br/wp-content/uploads/2017/01/ENTREVISTA_JULIA_POWLES_v04.pdf> Acesso em em 25.07.2017.

JUNIOR, Otavio Luiz Rodrigues. **Nao** há tendências na proteção do direito ao esquecimento. CONJUR, [S.I], 25 de dez. de 2013. Disponível em <http://www.conjur.com.br/2013-dez-25/direito-comparado-nao-tendencias-protecao-direito-esquecimento> Acesso em 14.04.2017.

KELLER, Daphne. **The Right Tools: Europe's Intermediary Liability Laws and the 2016 General Data Protection Regulation**. [S.I.:s.n.] 22 de mar. de 2017a. Disponível em <https://papers.ssrn.com/sol3/papers.cfm?abstract_id=2914684>. Acesso em 24.05.2017.

_____. **Europe's "Right to Be Forgotten" in Latin America**. *In* Towards an Internet Free of Censorship II: Perspectives in Latin America. Org. Agustina Del Campo. Buenos Aires: Universidade de Palermo, Facultad de Derecho, Centro de Estudios en Libertad de Expresión y Acceso a la Información, 2017b. Pgs. 151-174.

KONDER, Carlos Nelson. **Privacidade e Corpo:** convergências possíveis. Fortaleza: Pensar, v. 18, n. 2, mai./ago. 2013, p. 354-400.

KROTOSZYNSKI, Ronald J., **The First Amendment in Cross-Cultural Perspective: A Comparative Legal Analysis of the Freedom of Speech**. New York: New York University Press, 2006.

KUNER, Christopher. **The Court of Justice of the EU Judgment on Data Protection and Internet Search Engines** (Setembro 2014). Versão final publicada em "**The Court of Justice of the EU Judgment on Data Protection and Internet Search Engines: Current Issues and Future Challenges", *in* Burkhard Hess and Cristina M. Mariottini (org.) Protecting Privacy in Private International and Procedural Law and by Data Protection, p. 19-55; LSE Legal Studies Working Paper n. 3/2015. Disponível em <https://ssrn.com/abstract=2496060> Acesso em 28.06.2017.

LAWRENCE, Neil. **Beware the rise of the digital oligarchy.** The Guardian. Londres, março de 2017. Disponível em <https://www.theguardian.com/media-network/2015/mar/05/digital-oligarchy-algorithms-personal-data? Acesso em 02.05.2017.

LANZA, Edison. **Informe de la Relatoria Especial para la Libertad de Expresion.** *IN* Informe Anual de la Comisión Interamericana de Derechos Humanos 2016, volume 2. Organização dos Estados Interamericanos (OEA), 2016. Disponível em < http://www.oas.org/es/cidh/expresion/docs/informes/anuales/InformeAnual2016RELE.pdf> Acesso em 12.08.2017.

LEITE, Fábio Carvalho. **Nem todo *case* é um *hard* case**: reflexões sobre a resolução dos conflitos entre liberdade de expressão e os direitos da personalidade no Brasil. In: ABREU, Célia Barbosa; LEITE, Fábio Carvalho, PEIXINHO, Manoel Messias (Orgs.). Debates sobre Direitos Humanos Fundamentais. Vol. I. Rio de Janeiro: Editora Gramma, 2017, pgs. 209-231.

LEITE, Fábio; FRAJHOF, Isabella. **Direito ao Esquecimento:** Reflexões sobre o Nome e a Coisa. In: LEITE, Fábio Carvalho; ABREU; Celia Barbosa; PEIXINHO, Manoel Messias. (Org.). Temas de Direitos Humanos. 1a ed.Rio de Janeiro: Lumen Juris, 2018, v. 1, p. 43-61.

LEWIS, Anthony. **A liberdade para as ideias que odiamos**: uma biografia da Primeira Emenda à Constituição Americana. Tradução de Rosana Nucci. São Paulo, Arcati: 2011.

LIMA, Cíntia Rosa Pereira de. **Direito ao Esquecimento e Internet**: o Fundamento Legal no Direito Comunitário Europeu, no Direito Italiano e no Direito Brasileiro. São Paulo: Revista dos Tribunais, ano 103, vol. 946, 2014. Pgs. 77-107.

LUCENA, Cláudio. **To forget or not to forget – that is not the question.** In: Seminário New Technologies and Law, Pretoria, 23 e 24 de fev. de 2016. [S.I.:s.n.].

MANTELERO, Alessandro. **The EU Proposal for a General Data Protection Regulation and the roots of the 'right to be forgotten'** [S.I.:s.n.], 2013. Disponível em <http://dx.doi.org/10.1016/j.clsr.2013.03.010>. Acesso em 07.05.2017.

MARINO, Catalina Botero. **Presentation Columbia University - Jurisprudence Conference. Global Freedom Of Expression And Information.** [S.I.:s.n.], Colômbia, 2015.

MAYER-SCHÖNBERGER, Viktor. **Delete:** the virtue of forgetting in the digital age. New Jersey: Princeton University Press, 2009.

_____; CUKIER, Kenneth. **Big Data.** Nova Iorque: Mariner, 2013.

MIJATOVI, Dunja. **Communiqué by OSCE Representative on Freedom of the Media on ruling of the European Union Court of Justice.** Organization for Security and Co-operation in Europe (OSCE). *Áustria,* Vienna, 16 de mai. de 2014. Disponível em <http://www.osce.org/fom/118632> Acesso em 03.03.2017.

MITCHELL, Amy; SIMMONS, Katie; MATSA, Eva Katerina; SILVER, Laura. **Across countries, large demographic divides in how often people use the**

internet and social media for news. Washington, DC: Pew Research Center, 11 de jan. de 2018. Disponível em < http://www.pewglobal.org/2018/01/11/detailed-tables-global-media-habits/> Acesso em 20.01.2018.

MONCAU, Luiz Fernando Marrey. **Esquecimento não é um "direito". Abandonemos esta tola expressão.** Dissenso.org., 05 de maio de 2017. Disponível em <http://dissenso.org/esquecimento-nao-e-um-direito-abandonemos-essa-tola-expressao/>. Acesso em 27.10.2017.

MORACHIMO, Miguel. *¿Por qué se ha sancionado a Google en Perú?* Hiperderecho, [S.I.], 21 de jun. de 2016. Disponível em <http://hiperderecho.org/2016/06/sancion-google-peru-derecho-olvido/> Acesso em 18.08.2017.

MORAES, Maria Celina Bodin de. **O Princípio da Dignidade Humana.** *IN.* Princípios do Direito Civil Contemporâneo. Coord. Maria Celina Bodin de Moraes. Rio de Janeiro: Editora Renovar, 2006.

MUNIZ, Mariana. **A terceira onda de interpretação do Marco Civil no STJ.** JOTA, 17 de jul. de 2017. Disponível em < https://jota.info/justica/a-terceira-onda-de-interpretacao-do-marco-civil-no-stj-17072017> Acesso em 23.09.2017.

OPEN SOCIETY FOUNDATIONS. **Da Cunha v. Yahoo de Argentina SRL and Another.** Open Society Foundations, 19 de jan. de 2015. Disponível em <https://www.opensocietyfoundations.org/litigation/da-cunha-v-yahoo-de-argentina-srl-and-another> Acesso em 03.08.2017.

PARKINSON, Justin. **The Perils of Streisand Effect.** BBC News, 31 de jul. de 2014. Disponível em <http://www.bbc.com/news/magazine-28562156> Acesso em 13.06.2015.

PASQUALE, Franklin A. **Asterisk Revisited: Debating a Right of Reply on Search Results.** University of Maryland Francis King Carey School of Law; Yale University – Yale Information Society Project. Journal of Business and Technology Law, Forthcoming Seton Hall Public Law Research Paper n. 1091124, 2007. Disponível em: <http://papers.ssrn.com/sol3/papers.cfm?abstract_id=1091124>. Acesso em 27.06.2017.

PAVLI, Darion. **Case Watch: Top Argentine Court Blazes a Trail on Online Free Expression.** OPEN SOCIETY FOUNDATIONS. Disponível em <https://www.opensocietyfoundations.org/voices/case-watch-top-argentine-court-blazes-trail-online-free-expression> Acesso em 03.08.2017.

PEROTTI, Elena. **The European Ruling on the Right to be Forgotten and its extra-EU implementation.** [S.I.:s.n.], 14 de dez. de 2015. Disponível em: <https://ssrn.com/abstract=2703325> Acesso em 27.06.2017.

PINHEIRO, Denise. **A liberdade de Expressão e o Passado: Desconstrução da ideia de um direito ao esquecimento.** Tese de Doutorado. Universidade Federal de Santa Catarina, Centro de Ciências Jurídicas, Santa Catarina. Julho de 2016. Disponível em <https://repositorio.ufsc.br/bitstream/handle/123456789/169667/342648.pdf?sequence=1&isAllowed=y> Acesso em 09.04.2017.

POWELL, Rose. **'Right to be forgotten':** BBC, The Guardian, Daily Mail push back on Google. The Sydney Morning Herold, Sydney, 03. de jul. 2014. Disponível em <http://www.smh.com.au/technology/technology-news/right-to-be-forgotten-bbc-the-guardian-daily-mail-push-back-on-google-20140703-zsu9a.html> Acesso em 13.06.2017

POWLES, Julia. **The Case that won't be forgotten**. Loyola University Chicago Law Journal: Chicago, v. 47, Pgs. 583-615, 2015. Disponível em <http://luc.edu/.../publicati.../llj/pdfs/vol47/issue2/Powles.pdf>. Acesso em 26.05.2017.

_____; TIPPMAN, Silvia. **Google accidentally reveals data on 'right to be forgotten' requests**. The Guardian, Londres, 14 de jul. de 2015. Disponível em https://www.theguardian.com/technology/2015/jul/14/google-accidentally-reveals-right-to-be-forgotten-requests. Acesso em 30.05.2017.

_____. **Results may Vary**: Border Disputes on the frontlines of the "right to be forgotten". New America, Slate, 25 de fev. 2015. Disponível em <http://www.slate.com/articles/technology/future_tense/2015/02/google_and_the_right_to_be_forgotten_should_delisting_be_global_or_local.html>. Acesso em 26.06.2017.

REDING, Viviane. **The EU Data Protection Reform 2012**: Making Europe the Standard Setter for Modern Data Protection Rules in the Digital Age 5. Comissão Europeia, Press Release Database, Munich, 22 de jan. de 2012. Disponível em <http://europa.eu/rapid/press-release_SPEECH-12-26_en.htm> Acesso em 25.03.2017.

RIBEIRO, Samantha Souza de Moura. **When Privacy Feed Surveillance**: The ECJ's Decision on Google vs. AEPD and the Brazilian Experience. Birkbeck Law Review, Londres, v. 3. pgs. 115-130, maio de 2015. Disponível em <http://www.bbklr.org/uploads/1/4/5/4/14547218/115_ribeiro_when-privacy-feeds-surveillance_15-05-06.pdf> Acesso em 03.06.2017.

RODOTÀ, Stefano. **A Vida na Sociedade da Vigilância: a privacidade hoje**. Rio de Janeiro: Editora Renovar, 2007.

RODOTÀ, Stefano. **Il mondo nella rete Quali i diritti, quali i vincoli**. Roma: Editori Laterza. 2014.

ROSEN, Jeffrey. **The Right to be Forgotten**. Califórnia: Stanford Law Review, fev. de 2012. Disponível em <https://www.stanfordlawreview.org/online/privacy-paradox-the-right-to-be-forgotten/> Acesso em 21.04.2017

SÁ, Nelson. **Direito ao esquecimento 'não existe' e é usado para censura, afirma advogada**. Folha de São Paulo, São Paulo, 07 ago. 2016. Disponível em: <http://www1.folha.uol.com.br/cotidiano/2016/08/1799831-direito-ao-esquecimento-nao-existe-e-eusado-para-censura-afirma-advogada.shtml>. Acesso em 30.07.2017.

SARMENTO, Daniel. **Liberdades Comunicativas e "Direito ao Esquecimento" na ordem constitucional brasileira**. Migalhas, Rio de Janeiro, 22 de jan. de 2015. Disponível em <http://www.migalhas.com.br/Quentes/17,MI215589,71043-Professor+analisa+constitucionalidade+da+invocacao+do+direito+ao> Acesso em 20.04.2017.

SCHWABE, Jürgen. **Cinquenta anos de jurisprudência do Tribunal Constitucional Federal Alemão**. Trad. Beatriz Hennig et al. Montevideo: Fundacion Konrad-Adenauer, 2005.

SCHREIBER, Anderson. **As três correntes do direito ao esquecimento**. Revista Jota, 18 de jun. de 2017. Disponível em <https://jota.info/artigos/as-tres-correntes-do-direito-ao-esquecimento-18062017> Acesso em 17.11.2017.

SCHWARTZ, John. **Two German Killers Demanding Anonymity Sue Wikipedia's Parent**. NY Times, Nova Iorque, nov. de 2009. Disponível em <http://www.nytimes.com/2009/11/13/us/13wiki.html>. Acesso em 20.04.2017.

SMITH, Huw Beverleu; SCHLOETTER, Agnes Lucas; OHLY Ansgar. **Privacy, Property and Personality:** Civil Law Perspectives on Commercial Appropriation Cambridge: Cambridge University Press, Cambridge Intellectual Property and Information Law, nov. de 2005. Disponível em <http://s1.downloadmienphi.net/file/downloadfile4/206/1391135.pdf> Acesso em 04.04.2017.

SMITH, Gina. **The State of the Internet 2017:** All Statistics Here. A New Domain, 2017. Disponível em < http://anewdomain.net/2017-internet-statistics-the-state-of-the-internet-web-growth/> Acesso em 20.01.2018.

SOUZA, Carlos Affonso; LEMOS, Ronaldo. **Marco civil da internet: construção e aplicação.** Juiz de Fora: Editar Editora Associada Ltda, 2016.

_____, Carlos Affonso. **A Argentina e o Direito ao Esquecimento.** [S.I.]: Observatório da Internet do Brasil, 03 de nov. de 2014. Disponível em <http://observatoriodainternet.br/post/a-argentina-e-o-direito-ao-esquecimento-por-carlos-affonso-de-souza> Acesso em 03.08.2017.

_____, Carlos Affonso; RIBEIRO, Samantha Moura. **Nota Técnica sobre o PL nº 1589/2015.** Instituto de Tecnologia & Sociedade do Rio e Núcleo de Estudos Constitucionais PUC-RIO, setembro de 2015. Disponível em: <http://itsrio.org/wpcontent/uploads/2015/09/nota_tecnica_sobre_PL_589.pdf>. Acesso em 20.01.2018.

STRUCINHER, Noel. **Uma análise da textura aberta da linguagem e sua aplicação ao direito.** Dissertação de Mestrado. Programa de Pós-Graduação em Filosofia do Departamento de Filosofia da PUC-Rio, fev. de 2001.

SVANTESSON, Dan Jerker B. **The Google Spain Case:** Part of a Harmful Trend of Jurisdictional Overreach. Itália, Florença, European University Institute, EUI Working Paper RSCAS 2015/45, jul. de 2015. Disponível em <http://cadmus.eui.eu/bitstream/handle/1814/36317/RSCAS_2015_45.pdf?sequence=1&isAllowed=y> Acesso em 20.06.2017.

TAMÒ, Aurelia; GEORGE, Damian. **Oblivion, Erasure and Forgetting in the Digital Age.** [S.I.]: JIPITEC, vol. 5, 2014. Disponível em <https://www.jipitec.eu/issues/jipitec-5-2-2014/3997>. Acesso em 25.03.2017.

TEFFÉ, Chiara Spadaccini de; BARLETTA, Fabiana Rodrigues. **O direito ao esquecimento:** uma expressão possível do direito à privacidade. In: TEPEDINO, Gustavo;TEIXEIRA, Ana Carolina Brochado; ALMEIDA, Vitor. O direito civil entre o sujeito e a pessoa: estudos em homenagem ao professor Stefano Rodotà. Belo Horizonte: Editora Fórum, 2016. p. 253-280.

THE ECONOMIST. **The world's most valuable resource is no longer oil, but data.** 06 de maio de 2017. Disponível em < https://www.economist.com/news/leaders/21721656-data-economy-demands-new-approach-antitrust-rules-worlds-most-valuable-resource> Acesso em 15.01.2017.

WEBER, Rolf H. **The Right to Be Forgotten:** More Than a Pandora's Box? [S.I.]: JIPITEC 120, par. 1, 2011. Pgs. 120-130. Disponível em <https://www.jipitec.eu/issues/jipitec-2-2-2011/3084/jipitec%202%20-%20a%20-%20weber.pdf> Acesso em 25.03.2017.

VIDIGAL, Leonardo Bruno Marinho. **O Direito ao Esquecimento e a Incipiente Experiência Brasileira:** Incompreensões sobre o Tema, Limites para a sua

Aplicação e a Desafiadora Efetivação no Ambiente Virtual. Tese de Doutorado. Programa de Pós-Graduação em Direito do Departamento de Direito da PUC-Rio, nov. de 2016.

ZANFIR, Gabriela. **Tracing the Right to be Forgotten in the Short History of Data Protection Law:** The 'New Clothes' of an Old Right. [S.I.:s.n.], 2014. Disponível em < https://ssrn.com/abstract=2501312> Acesso em 25.03.2017.

Legislação

BRASIL. Projeto de lei nº 7.881/2014. Disponível em <http://www.camara.gov.br/proposicoesWeb/fichadetramitacao?idProposicao=621575> Acesso em 11.11.2017.

BRASIL. Projeto de lei nº 1.676/2015. Disponível em < http://www.camara.gov.br/proposicoesWeb/fichadetramitacao?idProposicao=1295741 > Acesso em 11.11.2017.

BRASIL. Projeto de lei nº 2.712/2015. Disponível em <http://www.camara.gov.br/proposicoesWeb/fichadetramitacao?idProposicao=1672348> Acesso em 11.11.2017.

BRASIL. Projeto de lei nº 8.443/2017. Disponível em <http://www.camara.gov.br/proposicoesWeb/fichadetramitacao?idProposicao=2149979> Acesso 11.11.2017.

BRASIL. Projeto de lei nº 215/2015. Disponível em <http://www.camara.gov.br/proposicoesWeb/fichadetramitacao?idProposicao=946034> Acesso 11.11.2017.

DATA PROTECTION ACT 1998. **Supervisory Powers of the Information Commissioner**. Enforcement Notice. 18 de ago. de 2015. Disponível em <https://ico.org.uk/media/action-weve-taken/enforcement-notices/1560072/google-inc-enforcement-notice-102015.pdf> Acesso em 27.06.2017.

UNIÃO EUROPEIA. Diretiva 95/46/CE do Parlamento Europeu e do Conselho de 24 de outubro de 1995. Disponível em <http://eur-lex.europa.eu/legal-content/PT/TXT/?uri=CELEX%3A31995L0046> Acesso em 15.04.2017.

UNIÃO EUROPEIA. Regulação (UE) 2016/679 do Parlamento e do Conselho de 27 de abril de 2016 relativo à proteção das pessoas singulares no que diz respeito ao tratamento de dados pessoais e à livre circulação desses dados, revogando a Diretiva 95/46/CE (Regulamento Geral sobre a Proteção de Dados). Disponível em <http://eur-lex.europa.eu/legal-content/PT/TXT/PDF/?uri=CELEX:32016R0679&from=EN>. Acesso em 25.03.2017.

ORGANIZATION FOR SECURITY AND CO-OPERATION IN EUROPE (OSCE). Declaração assinada pelo Relator Especial da União Europeia sobre Liberdade de Opinião e Expressão e representantes na Liberdade da Mídia, Relator da Organização dos Estados Americanos Especial sobre Liberdade de Expressão, e Relator Especial da Comissão Africana sobre o Direitos e Humanos e Pessoas (*African Commission on Human and Peoples' Rights -- ACHPR*) sobre Liberdade de Expressão e Informação, em junho de 2011. Disponível em http://www.osce.org/fom/78309. Acesso em 03.06.2017.

Jurisprudência

ARGENTINA. *Corte Suprema de Justicia de la Nación* (Corte Suprema de Justiça da Nação). Caso R. 522. XLIX. Rodríguez, María Belén *el* Google Inc. *si* daños y perjuicios. Julgado em 28.10.2014. Disponível em <http://www.telam.com.ar/advf/documentos/2014/10/544fd356a1da8.pdf> Acesso em 03.08.2017.

COLÔMBIA. Corte Constitucional. *Sala Primera de Revisión*. Glória vs. Casa Editorial El Tiempo (Sentença T-277/15). Disponível em <https://karisma.org.co/wp-content/uploads/2015/07/TUTELA-EL-TIEMPO.pdf>. Acesso em 03.8.2017.

ESTADOS UNIDOS DA AMÉRICA. Corte de Apelação do Quarto Distrito do Estado da Califórnia. Apelação. Gabrielle Darley Melvin vs. Dorothy Davenport Reid. Relator Justice John Bernard Marks. Julgado em 28.02.1931. Disponível em: <https://casetext.com/case/melvin-v-reid.> Acesso em 14.04.2017.

ESTADOS UNIDOS DA AMÉRICA. Corte de Apelação do Segundo Distrito. Apelação. William James Sidis vs. F-r Publishing Corp., Relator Justice Clark. Julgado em 20.07.1940. Disponível em: <http://law.justia.com/cases/federal/appellate-courts/F2/113/806/1509377/> Acesso em 14.04.2017

FRANÇA, TGI Seine, 14 octobre 1965, Mme S. c. Soc. Rome Paris Film, JCP 1966 I 14482, n. Lyon-Caen, confirmé en appel, CA Paris 15 mars 1967.

FRANÇA, TGI Paris, 20 avril 1983, JCP., 1983.II.20434, obs. R. Lindon.

FRANÇA, Tribunal de grande instance de Paris, 6.5.1983, D. 1984, jur., 14, Papon.

PERU, *Dirección General de Protección de Datos Personales*, Resolución Directoral n. 045-2015-JUS/DGPDP, X vs. *Google Inc.* e Google Perú S.R.L. Lima, julgado em 30.12.2015. Disponível em <http://www.hiperderecho.org/wp-content/uploads/2016/06/datos_personales_google_olvido_1.pdf> Acesso em 03.08.2017.

TRIBUNAL DE JUSTIÇA DA UNIÃO EUROPEIA. C-131/12. *Google Spain SL e Google Inc. v. Agencia Española de Protección de Datos e Mario Costeja Gonzales*, j. em 13.05.2014.

TRIBUNAL DE JUSTIÇA DA UNIÃO EUROPEIA. Parecer do Advogado-Geral Niilo Jääskinen, apresentado no caso C-131/12 em 25.06.2013. Disponível em <http://curia.europa.eu/juris/document/document.jsf;jsessionid=9ea7d0fl30d5fl35a8cf97c945cbaeeeeb1724a24d99.e34KaxiLc3eQc40LaxqMbN4OaNmNe0?text=&docid=138782&pageIndex=0&doclang=PT&mode=lst&dir=&occ=first&part=1&cid=293688> Acesso em 14.06.2017.

TJRS, Agravo de Instrumento nº 0463103-18.2014.8.21.7000, Décima Câmara Cível, sob a relatoria do Desembargador Túlio de Oliveira Martins, j. em 26.03.2015.

STF, Agravo Regimental na Reclamação nº 15.955, 2ª Turma, sob a relatoria do Ministro Celso de Mello, j. em 15.09.2015.

STF, Recurso Extraordinário, nº 1.010.606, sob a relatoria do Min. Dias Toffoli.

STJ, Recurso Especial nº 1.334.097/RJ, 4a Turma, sob a relatoria do Min. Luís Felipe Salomão, j. em 25.05.2013a.

STJ, Recurso Especial nº 1.335.153/RJ, 4a Turma, sob a relatoria do Min. Luís Felipe Salomão, j. em 25.03.2013b.

STJ, Recurso Especial nº 1.316.921/RJ, 3a Turma, sob a relatoria da Min. Nancy Andrighi, j. em 26.06.2012.

STJ, Recurso Especial nº 1.369.571/PE, 3a Turma, sob a relatoria do Min. Ricardo Villas Bôas Cueva, j. em 28.10.2016a.

STJ, Agravo Interno em Recurso Especial nº 1.593.873/SP, sob a relatoria da Min. Nancy Andrighi, j. em 10.11.2016b.

STJ, Reclamação nº 5.072/AC, 2ª Turma, sob a relatoria do Ministro Marco Buzzi, j. em 11.12.2013.